CHRONOS

Purificación Navarro Plaza

Amanecer
La historia y las reivindicaciones de mi vida

europa
ediciones

© 2026 **Europa Ediciones** | Madrid

www.grupoeditorialeuropa.es

ISBN 9791256961740

I edición: marzo del 2026

Distribuidor para las librerías: **CAL Málaga S.L.**

Impreso para Italia por *Rotomail Italia S.p.A. - Vignate (MI)*

Stampato in Italia presso *Rotomail Italia S.p.A. - Vignate (MI)*

Amanecer
La historia y las reivindicaciones de mi vida

Dedicado a mis queridos padres y hermano Pedro
con un amor inmenso

Índice

Primera parte

Memorias de la mar

La mar no tiene cronología. En su lento vaivén todo es memoria. Pasado y futuro se funden en el eterno presente. Narrar una vida no es muy distinto. Sobre todo, la propia. Las imágenes se confunden en una inmensa imagen que nos constituye. Es difícil separar una parte de otra. Podemos nombrar un hecho, podemos decirlo, podemos incluso individualizarlo, pero nada de esto lo separa de su forma principal ni de su esencia. La mar es el secreto, la profundidad, la mirada de todos los seres que han pasado por esta tierra, las pasiones, la crueldad, pero también el amor y la belleza. Una vida está constituida de lo mismo. El tiempo es sólo una percepción de los humanos. Cuando tenemos toda una vida a nuestras espaldas, con sus avatares y fortunas, entendemos que ninguna de sus partes se puede desasir del resto. En el oleaje no hay repeticiones, sino ritmo, y en ese lento discurso de las aguas, con altos y bajos, idas y venidas, con resacas y rompientes, mi historia encuentra la metáfora que es la narración de mi vida.

Los primeros años

Nací en Valencia en el año 1942. Mis padres decidieron llamarme Purificación. Recuerdo que mi padre, Terencio, decía que este era el nombre perfecto para una persona tan maravillosa como yo. Así era como me veía. Pero la verdad es que yo muchas veces me sentía como el patito feo de la familia. Mi madre, María Paz, y mi hermano mayor, Pedro, eran muy guapos; todos los veían en la calle, eran personas que llamaban inmediatamente la atención ahí en donde estuvieran, dos verdaderas preciosidades. Yo, en cambio, de niña era muy pecosa, pelirroja y delgada. Una tía —que fue como mi segunda mamá— me decía que el problema con mi físico era que tenía poco pelo y esto me afeaba. Me da risa recordar estos detalles. Pero lo cierto es que nada de esto impidió que tuviera una infancia y adolescencia inmensamente feliz.

No recuerdo muy bien los primeros años de mi infancia. ¿Quién los recuerda con claridad? Quien ha vivido tanto como yo solamente puede guardar con precisión algunos de aquellos detalles. Ya superé los ochenta años y si algo he aprendido es que las imágenes que guardamos de nosotros mismos, al menos aquellas, las más lejanas, son siempre un poco arbitrarias; la memoria tiende a ser caprichosa, y por momentos es difícil discernir si lo que recordamos lo vivimos realmente, nos lo contaron o sencillamente lo imaginamos. No puedo recordar cómo fueron mis primeros años de vida, pero sé que fui muy bien acogida en mi familia. Al llegar al mundo, mis padres ya tenían a mi hermano, catorce meses mayor que yo, pero deseaban ardientemente tener una niña. Por eso, al llegar yo, fue una inmensa alegría para ellos y para todo nuestro entorno familiar. Pero en mi padre la alegría fue todavía mayor. Al nacer, destroné a mi hermano y me convertí en la luz de los ojos de mi padre. Afortunadamente nada de esto impidió que siempre me llevara muy bien con mi hermano Pedro. Desde que tengo memoria a mi hermano lo educaron explicándole que debía cuidarme y quererme mucho, que también era su responsabilidad que yo me encontrara bien y que nada malo me sucediera. Y debo admitir que Pedro tomó aquello al pie de la letra y siempre me cuidó con mucho mimo y amor.

Yo siempre he sido muy alegre. Y esta alegría y cariño que profesaba a todos suplían aquella «fealdad» de patito feo que sentía durante mis primeros años de vida.

Siempre me gustó mucho jugar, correr y divertirme. Por eso el colegio no me entusiasmaba demasiado: estar quieta y calladita no era lo mío. Mi ámbito era otro, en otra parte, bajo el sol luminoso de Valencia, entre mis familiares y amigos, saltando bajo los árboles frutales, en los parques o en el patio de la casa familiar. Tampoco me gustaban los deportes. Recuerdo que en el colegio de monjas en donde estudiaba había un equipo de baloncesto del que era miembro. No creo haber encestado una cesta ni una sola vez, mis amigas me llamaban medio-estorbo. Aquello era gracioso, pero honestamente los partidos se me hacían eternos, corriendo de un lado para otro, cogiendo aquella bola inmensa y anaranjada para lanzarla a un aro a más de dos metros de altura, sudando, forcejeando con rivales, ocupando espacios determinados en el tabloncillo, siguiendo direcciones tácticas. No, no, no. Nada de aquello era lo mío. Mi ámbito —quizás en ese momento solamente lo intuía— era el arte, la belleza, la sensibilidad, la contemplación, la búsqueda de las expresiones elevadas del espíritu.

Pero algo sí me interesó siempre: la naturaleza y más específicamente el agua. Mi elemento durante la infancia era el mar, las piscinas y los ríos. Para mí siempre ha sido una alegría sumergirme en el agua y deslizarme a través de ella como un pez. Podía pasar horas chapoteando entre las olas del mar Mediterráneo, sentir la sal y la espuma correr por mi cuerpo al tiempo que me doraba bajo el sol candente del litoral valenciano. En todas las aguas me siento a gusto. Todavía me siguen encantando. El agua para mí tiene algo de mágico y vivificante. Recuerdo muchos momentos muy bonitos que compartí con mi hermano en las piscinas, los ríos y las playas. A él también le gustaba mucho pasar esos ratos conmigo. Pero él, a diferencia mía, sí era un gran deportista y todo lo que emprendía, por difícil que fuera, lo hacía bien.

Muchos de los veranos de mi infancia los transcurrimos en las playas de Levante. Con el paso de los años hicimos un gran grupo de amigos. Éramos decenas de muchachos los que nos juntábamos cada año en las costas levantinas. Nuestras vacaciones eran maravillosas. Ahora, en la memoria, y con tantos años de distancia, aquellos momentos se pintan en mi recuerdo con la paleta de colores de Sorolla. Casi puedo vernos, alegres, distendidos, niños, moviéndonos entre la luz maravillosa y casi tangible, como si estuviéramos dibujados con un óleo que se recarga de más y más luminosidad con el paso de los años.

Recuerdo que debía salir siempre de casa con mi hermano mayor, y también debíamos regresar juntos. Si no lo hacíamos, nos podíamos llevar una buena regañina de nuestros padres. Lo cierto es que yo era excesivamente protegida y, con el paso de los años (rondando la adolescencia), esto me empezó a molestar mucho. No tenía ninguna libertad de acción. Era como si todos estuvieran atentos a que no me pasara nada. Era así en todo momento. No había un respiro en este sentido. Y esto llegó hasta el punto en que algunos amigos cercanos, amigos de Pedro o míos, velaban por mí tal como lo hacía mi hermano mayor.

Honestamente me cansé de aquella vigilancia. Como es natural, en la medida en que iba creciendo, sentí que necesitaba más libertad e independencia para estar a solas con mis amigas. Además, aquello del «patito feo» iba quedando atrás en la medida en que maduraba, y cada vez me sentía más guapa y segura de mí misma. Quería libertad, la necesitaba, la añoraba, pero en casa las cosas no funcionaban así. Mi libertad estaba completamente supeditada al cuidado y la vigilancia de Pedro.

En las décadas de los cuarenta y cincuenta el mundo era muy diferente a lo que es hoy en día. Según los expertos, mi generación (llamada la generación silenciosa) es la más valiosa que ha tenido España. Fuimos educados por nuestros queridos padres con austeridad, valores, respeto y esfuerzo, y con entereza supimos recomponer un país hundido por la contienda. Somos una generación nacida poco después de finalizada la Guerra Civil, una guerra cruenta y terrible que dejó a la nación muy herida. Los dos años y ocho meses de conflicto marcaron profundamente a todos los ciudadanos. Yo nací solamente tres años después de que finalizara la guerra y lo cierto es que en aquel momento las familias se enfrentaban a serias dificultades, problemas sociales y escasez de todo tipo. El país intentaba levantarse de los escombros que dejaron a su paso la insensatez y la crueldad de una lucha entre hermanos. Por eso fuimos educados como fuimos educados, y crecimos con el convencimiento de que debíamos mejorar, prosperar y avanzar adaptándonos a las necesidades del momento.

Esta era la idea que imperaba en la mente de la generación silenciosa.

Por entonces muchas personas tuvieron que emigrar, dejar atrás sus tierras y sus familiares, irse, muchas veces, sin mirar para atrás. Las circunstancias no les daban muchas más opciones. Como siempre, aquí no hay trabajo para todos. La historia, de cierta manera, siempre se repite y muchos jóvenes, hoy en día, también se ven forzados a dejar su tierra natal. Pero tanto los de aquellos lejanos años de las décadas del cuarenta y cincuenta como los de hoy en día se van con la misma idea: regresar a la tierra natal, volver a casa cuando los ahorros lo permitan, retornar con los beneficios obtenidos en el extranjero.

Por los motivos que acabo de explicar, siempre he pensado que la enseñanza, acompañada de una buena educación, es la base fundamental para evolucionar favorablemente. Yo no me puedo quejar de la educación que me dieron mis padres.

Hoy en día los jóvenes disfrutan y tienen al alcance medios tecnológicos que les hacen la vida muy agradable; la ciencia ha avanzado que es una barbaridad y nuestros estudiantes son los mejor preparados de toda la historia de España. Pero al mismo tiempo parece una generación atormentada, enloquecida, angustiada, sitiada por un vacío existencial que los atenaza. Muchos de ellos ocupan su tiempo libre en las calles, toda la noche fuera de casa, subidos de tono por el alcohol y las drogas, en una espiral de violencia y autodestrucción incomprensibles. Todo este desenfreno tiene grandes consecuencias negativas, no solamente para los protagonistas, sino para toda la nación. Tantas horas de diversión enloquecida no son sinónimos de disfrutar sanamente. Siempre han existido los locales nocturnos, pero antes las personas estaban dentro de los establecimientos y los vecinos podían descansar sin ser molestados. Los tiempos cambian. Como decía, nosotros, mi generación, crecimos con muchas dificultades sociales y de medios; quizás por estos motivos enfocamos nuestro camino vital de otra manera y nos convertimos en personas profundamente cívicas y respetuosas.

Veo para atrás y en los años de mi juventud, por supuesto, nada era como es ahora. ¿Qué generación es mejor? No está en mí decirlo. ¿Y acaso importa establecer cuál fue mejor en cierto momento determinado? No lo creo. Lo importante, en realidad, es que todos trabajemos juntos, en armonía y con esfuerzos compartidos, para conseguir un mejor planeta, un hogar en donde cada uno de nosotros pueda tener su propio espacio de respeto y paz.

No sé si durante mi infancia el mundo era tan diferente. Pero siento que los valores con los que fuimos educados cada vez se quedan más obsoletos. El respeto se pierde poco a poco y las generaciones son cada vez más individualistas. Nadie mira hacia los lados ni se preocupa por el otro; todos piensan en el *Yo* como la única salida cuando, en realidad, la mejor manera de estar bien individualmente es logrando que funcione el colectivo.

Pero lo cierto es que en casa de mis padres estábamos muy bien. Cada uno de nosotros tenía sus aficiones. Mi hermano mayor siempre estaba pegado a las faldas de su «mamá», eran realmente muy unidos. Y yo —que, como dije, tenía prohibido salir sola de la casa— me dedicaba a salir con mi hermano Pedro o a dar largos paseos con mi padre. Siempre atesoraré esos momentos con mi padre, caminar bajo los árboles inmensos de follaje silencioso, o junto al mar, pisando la arena del invierno, rodeados por el sonido frío de las olas embravecidas. Mi padre era un gran amante de la naturaleza y desde niña me inculcó la pasión por la tierra y por todo ser vivo que habita en ella. Con frecuencia me hablaba de la nobleza de los árboles. Mi padre amaba los árboles.

—Míralos, Purificación —me decía—, siente los árboles, escúchalos. Si prestas atención, te darás cuenta de que los árboles nos hablan. Todos ellos tienen grandes propiedades y son imprescindibles para la vida en nuestro planeta. Su variedad es enorme y todos, a su manera, son de una gran belleza. Y son tan dignos, cada uno de ellos, que mueren de pie.

Durante estos largos paseos mi padre me enseñó a valorar infinidad de cosas, pequeñas y grandes. Todas estas enseñanzas calaron en mí y me modelaron para convertirme en la persona que soy hoy en día. Recuerdo que, durante los largos paseos, le recitaba poemas de mi autoría. Mi padre escuchaba en silencio, maravillado por la naturaleza circundante y por los versos de su hija. Desde muy joven ya me gustaba escribir. Siempre lo he disfrutado mucho. También se me daba muy bien dibujar y pintar. Y tenía un gran admirador en mi padre. A él le parecía muy bueno y hermoso todo lo que yo hacía, todas mis expresiones artísticas, todas mis búsquedas. Estaba encantado con su hija. Pero lo cierto es que todo esto, como dije, le llevó a una sobreprotección excesiva y mi libertad personal cada vez se menoscabó más. Nunca, por ejemplo, me dejaron ir a ninguna excursión del colegio ni tampoco universitaria. Yo, por supuesto, me disgustaba mucho y, para tratar de aplacar mi mal humor y mi disconformidad, mi padre me hacía regalos. Pero yo no quería ningún regalo: ¡yo quería ir de excursión con mis amigos!

Nada de esto, sin embargo, como dije más arriba, impidió que mi infancia y adolescencia fueran muy felices.

Mi memoria está llena de imágenes hermosas de la infancia. No me puedo quejar de mi vida en Valencia ni de mis primeros años; de los amigos comunes que tenía con mi hermano mayor; de las largas caminatas admirando los inmensos árboles, recitando poemas junto a mi padre; los baños en la playa de Valencia; el recuerdo del mar Mediterráneo sobre la piel cuando el sol parece quemar cada cosa a su paso; el silencio del viento dibujando huellas en la arena clara; el ruido de las olas y el olor de la sal que se impregna al cuerpo; las vacaciones de verano en Levante; el numeroso grupo de amigos que, cada año, íbamos a encontrar en el mismo rincón del mundo; las reuniones familiares; el descubrimiento de la vocación, la pintura y las artes.

Si bien, como decía, los recuerdos tienden a transfigurarse un poco con el paso del tiempo, puedo asegurar que aquellos fueron años de mucha felicidad y armonía. Era solamente una niña y tenía todo el futuro por delante, un futuro del que no podía conocer nada, por supuesto, pero al que me dirigía con pasión, alegría y entusiasmo.

El colegio y mi hermano Pedro

No recuerdo el colegio como una etapa muy positiva para mí. Tenía solamente cuatro años cuando empecé a estudiar y no me gustó para nada; sobre todo recuerdo a una profesora que era extraordinariamente mandona. Lo único que deseaba en esos momentos era terminar las clases e irme a jugar con mi hermano Pedro.

Mi hermano era solamente catorce meses mayor que yo, pero siempre me iba a buscar a la puerta del colegio, como un segundo padre protector. Siempre fue puntual, y para mí verlo llegar con una sonrisa me hacía inmensamente feliz.

Ese era el momento que esperaba con más ansias mientras escuchaba clases de geografía, matemáticas o historia, viendo una y otra vez el gran reloj circular sobre la inmensa pizarra de piedra verde oscuro. Este era el momento más alegre de mis primeros años de estudio, cuando daba las espaldas a la institución y me demoraba con mi hermano comprando chuches en la puerta del colegio para irlas comiendo lentamente de camino a casa, a través de una larga calle entre pinos, algarrobos y encinas.

Por supuesto, las cuches nos quitaban el apetito y el almuerzo quedaba prácticamente sin tocar dentro de los platos; por este motivo mi hermano se llevaba siempre una buena regañina.

—¡No comieron nada! —gritaba mi padre—. ¿No estarás comprándole chuches a Purificación a la salida del cole otra vez? ¿Ah, Pedro? Contéstame.

Y así un día tras otro.

Pero yo, en cambio, al parecer no tenía culpa de nada. Había sido Pedro el que compró las chuches, fue él quien me las dio. Él era el jefe, el mayor, mi referencia, y yo sencillamente acataba en silencio y devoraba aquellas deliciosas golosinas una tras otra, sin ninguna objeción de mi parte.

Por supuesto, estos son momentos y situaciones más bien graciosos. Pero lo cierto es que el deber de mi hermano Pedro era cuidarme y debo decir que siempre se lo tomó muy en serio.

Esta dinámica de cuidado y sobreprotección fue así hasta que prácticamente me convertí en una adulta. Y, como es lógico, con el paso de los años llegó a molestarme mucho el excesivo cuidado que mi hermano ejercía sobre mí. Pero tenía que aceptarlo. Esto era lo que nuestros padres le habían pedido y él, en consecuencia, se convirtió en mi sombra. Así funcionaban las cosas por entonces. En cada cosa que hacía, siempre estaba Pedro a mi lado, cuidándome. Fui muy mimada y esto me convirtió en «la niña de los miedos», algo que, honestamente, me condicionó mucho.

Mis dieciocho años y el noviazgo

Pero cuando cumplí los dieciocho años todo cambió. Para mí fue un gran acontecimiento. Mi papá, de un día para otro, me dijo:

—Bueno, hija, ya tienes dieciocho años y ya puedes empezar a salir sola. ¡Pero regresa pronto a casa! ¡No lo olvides!

Honestamente la situación no cambió tanto. Habían sido demasiados años con mi hermano Pedro pegado a mí como una sombra y, en consecuencia, nuestro grupo de amigos era prácticamente el mismo. Todos nos conocíamos. Amigas, amigos, primos, hermanos.

Poco después de cumplir los dieciocho años conocí a un chico en una fiesta. Lo cierto es que los dos nos gustamos y, sin proponérmelo o siquiera pensarlo, surgió el amor. Se llamaba Antonio y tenía ocho años más que yo. La verdad es que a los dieciocho años de diferencia parecen una enormidad. Para mí era ya un adulto que trabajaba y estaba bien metido en la vida seria de los mayores. Por mi parte, yo todavía me sentía más bien como una niña bajo la mirada protectora de mi padre y mi hermano. Por supuesto, Antonio quería casarse pronto. No estaba dispuesto a esperar para compartir su vida conmigo. Pero yo no estaba tan convencida. Repito que me sentía demasiado joven. No hacía mucho que empezara a salir sola de casa y ya me encontraba a las puertas del matrimonio. Mis padres tampoco estaban muy convencidos sobre nada de esto.

—¿Matrimonio? ¡De eso nada! —gritó mi papá al escuchar sobre las intenciones de Antonio—. Mi hija es todavía muy joven. Además, está estudiando en la universidad. Antes de casarse tiene que terminar sus estudios.

Acababa de conocer a Antonio y la idea de dejar a mis padres y hermano no me apetecía para nada. Me gustaba, pero como dije, por aquel tiempo no veía el matrimonio como una posibilidad real o tangible, al menos no a corto plazo. Si Antonio quería casarse conmigo, debía esperar. Y lo cierto es que esperó.

Fuimos novios durante dos años. Fue una etapa muy bonita. Estábamos muy enamorados y solíamos pasarla muy bien juntos, con nuestros amigos, con mi hermano o solos. Realmente fueron dos años maravillosos. Antonio vivía en Madrid y solamente nos veíamos los fines de semana. Pero la distancia no era realmente un problema para nosotros en aquel período; estábamos encantados el uno con el otro, muy enamorados.

Ahora, al recordar los dos años de noviazgo con Antonio, siento que pasaron demasiado rápido o quizás fueron muy cortos, una pequeña sucesión de preciosas olas sobre una arena clara, algo que nos gusta y disfrutamos, pero que sin ningún motivo rompemos para apresurarnos a dar un paso hacia otro lado. Quizás hubiera sido mejor disfrutar el proceso con mayor lentitud, para atesorar cada una de sus partes y no correr el riesgo de que caigan en el olvido.

Mis estudios universitarios

Mientras mi relación con Antonio se consolidaba yo seguía estudiando en la universidad. Cursé mis estudios en Valencia. Ya había descubierto mi vocación y me decidí por Historia del Arte. Esta fue una etapa muy feliz en mi vida. Pasé grandes momentos con mis amigas y amigos de la infancia. Con mucha frecuencia colgábamos los libros y nos íbamos a la playa para sumergirnos en el maravilloso mar Mediterráneo. Cada día era una fiesta para nosotros.

Pero, por supuesto, esto no significa que nos olvidáramos de las responsabilidades, también cumplíamos con nuestras obligaciones de estudio. Esto no se negociaba. Como comenté más arriba, fuimos educados con la idea de la importancia del trabajo y los valores humanos, el respeto y la educación. La universidad absorbía buena parte de nuestro tiempo. Pero había ciertos remansos, treguas, momentos despreocupados y felices. Éramos jóvenes, teníamos toda la vida por delante y disfrutábamos de cada momento al máximo.

Por aquellos años acababa de finalizar la Segunda Guerra Mundial y todos nosotros, de una manera u otra, nos sentíamos comprometidos a hacer de la tierra un planeta más confortable, comprensivo y humano. Y en hacer de nuestro país un lugar de respeto, de solidaridad y crecimiento. La forma que teníamos de hacerlo en ese momento era responsabilizarnos con nuestros estudios para, más adelante, aportar nuestros conocimientos al bien de la nación y de las próximas generaciones.

Como decía, elegí la carrera universitaria de Historia del Arte por el gran amor que siempre he sentido por la pintura. Desde joven me han maravillado los pintores italianos, franceses y españoles. El Renacimiento italiano, con Leonardo da Vinci, Rafael y Miguel Ángel, los flamencos con Rubens, hasta llegar a España con el extraordinario Velázquez.

Pero mi amor por la pintura no se limita a los grandes pintores del Renacimiento italiano y al barroco español.

Uno de los movimientos y generaciones que más me han deslumbrado son los impresionistas franceses. Claude Monet, Pierre-Auguste Renoir, Edgar Degas, Camille Pissarro, Paul Cézanne, Berthe Morisot y Gustave Caillebotte son solo algunos nombres que me vienen a la mente en este momento.

También siempre me atrajo la escultura y cada expresión hecha por los seres humanos desde los tiempos más remotos, en los que se modelaban con barro figuras arcaicas o se pintarrajeaban las paredes de cuevas con pinturas de bisontes, cazadores e inmensas fogatas. Todos los movimientos del arte siempre me sedujeron y fascinaron con una fuerza arrolladora.

Sin embargo, creo que el pintor que más he admirado siempre es mi paisano Joaquín Sorolla. Con ningún pintor como con Sorolla me he identificado tan profundamente. Por supuesto, el hecho de que ambos seamos valencianos juega un papel fundamental. Pero no es solamente esto. También debo mencionar cierta devoción por el mar y la luz que comparto con el artista. En los cuadros de Sorolla, el mar es un personaje y una presencia constante. Ese mismo mar que siento tan mío, tan hermoso y con el que me he identificado a lo largo de toda mi vida. Además, por supuesto, de la luz. Sorolla fue y es el maestro de la luz. Todo aquel que ha visitado Valencia sabe que la luz de esta parte de España es especial, tiene una potencia y belleza innegables. Y esto es lo que tan bien y con tanta maestría supo plasmar en sus lienzos Joaquín Sorolla.

Durante mis años en la universidad conocí a mucha gente. No obstante, el grupo de amigos que siempre se mantuvo más unido fue el que hicimos en el colegio, amigas y amigos que, como dije, compartía con mi hermano Pedro. La verdad es que no nos separábamos jamás; pasábamos los veranos en la playa con alegría, sencillez y despreocupación.

Durante la universidad mis estudios mejoraron considerablemente. En estos años no era una exigencia realizar ninguna actividad deportiva (como dije más arriba, nunca me han gustado los deportes), excepto natación, una actividad que sí he sabido disfrutar. La verdad es que no soy deportista y nunca he sentido el afán competitivo que muchas de las personas que he encontrado a lo largo de mi vida sienten. Mi hermano Pedro, por ejemplo, era un gran competidor. Y en cada deporte que practicaba se desempeñaba con un empeño y pundonor admirables. Yo solamente me podía igualar a él en la natación. Insisto en que el agua era nuestro elemento; nos movíamos como peces entre las olas del mar, bajo la corriente del río o en las diáfanas piscinas.

Aquellos años universitarios fueron extraordinarios.

La verdad es que todavía no tenía la libertad de mis amigas, a quienes dejaban ir a todas partes (mi papá, por ejemplo, se oponía a que fuera de excursión, algo que me disgustaba bastante). Esta aprensión de mi padre, sinceramente, por momentos menoscabó mi ánimo. Por una parte, tenía toda esa nueva libertad, una relativa madurez a las puertas de la edad adulta, un novio que juraba me esperaría lo que fuera necesario para casarse conmigo, una carrera que me apasionaba, pero por otra parte seguía siendo una niña a los ojos de mi padre. Por momentos la pasé muy mal. Sentía que me habían dado la libertad de decisión y que confiaban en mí, pero solamente a medias. Y aquello empezó a repercutir en mi estado de ánimo e incluso en mi apariencia física. Estaba muy delgada y comía muy mal. Alrededor de mí siempre estaba el miedo a que me pudiera pasar algo.

Afortunadamente tenía el mar de Valencia. Ese mar tan bien reflejado y capturado en los lienzos de Sorolla. Sin la playa, sin las olas, la arena y el sol, aquellos momentos de mi vida hubieran podido ser mucho más difíciles. Creo que por este motivo siempre he revestido las aguas de mi tierra natal con cierto poder casi absoluto, redivivo, sanador, mágico. En la actualidad, a mi edad, sigo yendo, y creo que es una de las actividades que más me gustan.

Sorolla y el mar de mi infancia

Uno de los pintores a los que siempre he admirado más, como dije más arriba, y cuyo gusto no ha decrecido un ápice a lo largo de los años, es Joaquín Sorolla. Mi admiración por su obra es inmensa. Ya he relatado anteriormente lo que para mí significa el mar, el agua, las playas; estos son mis elementos predilectos, pues bien, Sorolla supo plasmar de una manera magistral toda esa luminosidad y alegría que se siente junto a las olas, entre la espuma y la rompiente, sobre la arena cálida. Siempre me ha gustado pensar que las playas de los cuadros Paseo a orillas del mar, Chicos en la playa, El baño del caballo, Instantánea, Biarritz y, por supuesto, Pescadora con su hijo, Valencia y Corriendo por la playa, Valencia son las mismas playas por las que paseé innumerables veces durante mi infancia, el mismo mar en el que me sumergí y donde jugué hasta el agotamiento, casi idéntica a las chicas de esos óleos maravillosos.

Por supuesto, el trabajo de Sorolla está enmarcado dentro de la corriente naturalista de finales del siglo XIX, pero a menudo es considerado impresionista o luminista. La habilidad de Sorolla para captar la luz y el color es extraordinaria, una luz y colores muy valencianos, muy de nuestras playas y mares.

Si bien Sorolla nació el 27 de febrero de 1863 y casi todas las obras que mencioné más arriba fueron pintadas treinta o cuarenta años antes de mi nacimiento, nada de esto impide que en mi imaginación se fundan el estilo luminista del pintor y su enfoque en la representación de la luz con mis recuerdos de niña en esas mismas playas.

Los cuadros de Sorolla siempre me han impresionado mucho, sobre todo por su capacidad de representar en ellos toda la belleza de las costumbres valencianas, sus campos y la mar. Ver el óleo Ayamonte (1919), uno de los lienzos más conocidos de la serie Visión de España, es sentir mi tierra natal. En la pintura se ve a un grupo de hombres afanados en un mercado, venden grandes atunes. La mayoría está de espaldas al punto de vista del pintor, pero lo que realmente llama la atención del cuadro es el contraste entre el primer plano en donde los enormes peces destripados se desangran, y el fondo del mar apacible y lleno de luz, en donde atracan algunas embarcaciones y, todavía más atrás del mar, otra vez la costa, el otro lado de la ensenada, las montañas y un cielo blanco que parece incapaz de retener tanta luminosidad. El sol no se ve, pero de cierta manera está en todos lados, sobre las ropas de los pescadores, en el mar, las barcas, los atunes, el cielo, las velas, los toldos, la distancia.

En los cuadros de Sorolla está Valencia en pleno y, de alguna manera, también mis recuerdos y mi infancia. Pescadores, mar, tradiciones, gente, cielo. También está la Albufera, un paraje precioso donde el payés cuida su tierra, trabaja los campos, siembra el arroz famoso de las paellas y pesca en las aguas, siguiendo formas de vida ancestrales y donde la riqueza de sus productos es manjares exquisitos.

Muchas veces a lo largo de mi vida visité con familiares y amigos la maravillosa tierra de Albufera. Recorrí las famosas barracas, esas viviendas tradicionales dentro de las cuales parece que el verano se mitiga y no afecta para nada, creando un ambiente y clima ideales de temperatura en todas las épocas del año. Disfruté en los extraordinarios restoranes donde se sirve el pescado y marisco recién capturados por sus pescadores. Para mí, toda Valencia es monumental. Las Fallas, por ejemplo,

29

son mundialmente conocidas, momento en que los artistas valencianos exponen sus obras en las calles.

Todos estos son recuerdos y vivencias; los guardo muy dentro del corazón. Y me gusta imaginar que muchos de ellos están mezclados con los lienzos de Sorolla, con la maravilla de la luz valenciana, con las expresiones de la vida tradicional, con el mar que brilla cerca y lejos como la memoria de los siglos.

El matrimonio con Antonio

Terminados mis estudios en Historia del Arte pensé que ya era momento para que Antonio y yo nos casáramos. Me estuvo esperando toda la carrera. Viajaba casi todos los fines de semana desde Madrid hasta Valencia solamente para compartir unas horas conmigo. La verdad es que a los dos nos hacía mucha ilusión la boda.

Todavía me sentía muy joven. Los dos años de noviazgo habían pasado muy rápido. ¡Qué cerca sentía todavía la fiesta en donde conocía a Antonio! ¡Qué poco tiempo sentía que había pasado desde que cumplí los dieciocho años! La vida pasa en dos segundos. No hay nada que hacer. Un día estamos bailando y divirtiéndonos con nuestros amigos de toda la vida y al día siguiente ya estamos a las puertas de nuestro matrimonio.

La verdad es que los años de patito feo (aquellos lejanos días en que me sentía fea, delgada e invisible para los demás) se habían quedado bien atrás. ¡El patito feo se había convertido en un cisne a los veinte años!

Pero insisto en que para mí el tiempo había pasado demasiado rápido. Todavía recordaba como un hecho reciente la cara de Antonio al verme en aquella fiesta; casi podía escuchar la música, el olor de las flores de aquella primavera lejana, rodeada por amigas y conocidos. Recuerdo que Antonio caminó lentamente hacia mí, con bastante seguridad, como si desde el inicio supiera que yo me convertiría en su esposa. La verdad es que se quedó verdaderamente prendado de mí. Fue verme y decidir que me quería como la mujer con la que compartir su vida. Debía ser yo, no otra; esto se veía en la mirada de Antonio, en la seguridad de los gestos, en las palabras.

Antonio pertenecía a una familia muy bien considerada en Valencia, conocida por mis familiares, por lo que podría decir que fue bastante bien acogido en nuestra casa.

Pero los ocho años que nos llevábamos de diferencia y la insistencia que tenía por casarnos no siempre fue bien aceptada, sobre todo en la urgencia por desposarnos, incluso por mí. La verdad es que a mi hermano Pedro nunca le hizo mucha gracia la insistencia de quien se convertiría en mi marido, pero esto finalmente cambió cuando se conocieron bien y a la postre se convirtieron en grandes amigos. Mis padres tampoco estaban muy convencidos ni muy de acuerdo con la relación, pero lo cierto es que tenían buenas referencias de él y poco a poco Antonio supo ir ganándoselos a todos y demostró que sus intenciones eran correctas y buenas.

Como dije, Antonio insistió e insistió en sus amores hasta lograr que yo también me enamorara de él. Al finalizar nuestro noviazgo sentía que éramos el uno para el otro.

Los dos años de noviazgo, pensándolo ahora, con la inmensidad de una larga vida a las espaldas, fueron hermosos, pero definitivamente fueron muy cortos. Ahora los recuerdo como imágenes sueltas. La memoria funciona de esta manera: aquellos largos días de caminatas bajo los árboles primaverales, los paseos a la playa, las reuniones con amigos, el hastío por tener que esperar dos o tres días para volver a ver a mi novio, todo ese remolino de sensaciones queda en el pasado como una totalidad en donde persisten los buenos recuerdos, los reencuentros amorosos, la emoción inmarchitable.

Nos casamos cuando cumplí 20 años.

Lo único que no me gustaba era el trabajo de mi marido: ¡era muy lejos, en Madrid! Trabajaba empleado en un banco. Antes del matrimonio no podía dejar de pensar en los 303 kilómetros que separan a Valencia de Madrid. Todavía era una mujer muy joven y estaba muy unida a mis familiares. Le di muchas vueltas al asunto. Pero finalmente logré convencerme de que, en realidad, no era tan lejos, ¡qué son 300 kilómetros para un tren! O, mucho mejor, en el coche de papá, corriendo a toda velocidad entre los campos que separan la capital del litoral valenciano, entre colinas resecas, tierras de labranza y centenares de olivos.

Nuestra boda fue muy bonita. Queríamos que todo quedara perfecto y esto ocasionó en la familia muchos quebraderos de cabeza. La verdad es que hacíamos de un grano de arena una montaña. Pero en el fondo éramos felices y estábamos encantados, así que nada de esto nos molestaba demasiado. Fui la primera de mi grupo de amigas en pasar por el altar. Esto revistió nuestro matrimonio de una emoción y novedad enormes para todos nosotros. Podía sentirse un entusiasmo genuino entre nuestro círculo más cercano. Todos se implicaron y todos querían ser parte de ese momento único y eso es algo que recordaré por siempre. Puedo decir con orgullo que fue la mejor de todas las bodas, incluyendo las que se celebraron después. Creo que en gran medida esto estuvo motivado a que nuestro matrimonio, como decía, fue el primero de nuestra generación. Una tarde y una noche extraordinarias.

Nos casamos el 14 de mayo de 1962. Nos dimos el sí quiero completamente enamorados el uno del otro y convencidos de que nuestro amor duraría toda la vida. Nuestra boda, como dije, fue preciosa. Asistieron familiares y amigos. Toda la pandilla de estudios, juegos y vivencias estaba presente aquel lejano mayo de principios de los años sesenta.

Un tiempo después nos enteramos de una casualidad curiosa. El mismo día de nuestro matrimonio se casaron en Atenas los por entonces príncipes Juan Carlos de Borbón y Sofía de Grecia, hija primogénita de Pablo I, rey de los helenos, y Federica de Hannover. Un matrimonio que llamó la atención de medio mundo y fue muy seguido tanto por televisión como por miles de personas que abarrotaron las calles de la capital de Grecia. Por supuesto, nuestro matrimonio no tuvo tanto boato como el de los príncipes, pero sí fue precioso y conmovedor.

Luego de la ceremonia partimos para disfrutar de nuestra Luna de Miel. Decidimos viajar a Palma de Mallorca y la pasábamos verdaderamente de maravilla. Mallorca es una isla preciosa ubicada en el este de España. Salimos de Valencia en barco. Fue extraordinario navegar sobre el mar Mediterráneo, sorteando las olas al tiempo que éramos bañados por la brisa marina.

Recorrimos la isla de arriba abajo y por todos los rincones, desde Palma hasta Pollença. Visitamos restaurantes y asistimos a una gran cantidad de eventos. Fueron veinte días que disfrutamos a más no poder. Veinte días que para nosotros pasaron volando.

Regresamos a Valencia en avión. Pasamos unos días con mis padres, hermanos y conocidos y en ese instante me di cuenta de que se acercaba el momento de las despedidas. Creo que no me había dado cuenta de esto hasta ese momento. Me iría de Valencia. Dejaría a mis padres y hermano. Con la emoción de la boda y la Luna de Miel no lo había pensado. Me alejaba, me separaba de lo que había sido mi vida. Fue tal la tristeza que me invadió, que durante todo el viaje de Valencia a Madrid estuve llorando.

Los primeros años de casada

Al poco tiempo de darnos el sí quiero, nos trasladamos a Madrid. En esta ciudad he vivido desde entonces, más de sesenta años.

Mi nuevo hogar era un pisito de alquiler, muy distinto a la casa de mis padres. Ya no disponía de todo el espacio al que estaba acostumbrada y en donde crecí, los salones y los grandes patios salpicados por sombras de inmensos pinos y encinas. En Madrid el espacio es mucho más limitado y, como en cualquier ciudad, por momentos parece que las personas viven agolpadas unas sobre otras. Pero que hubiera mucha gente alrededor, en las calles, los bares y las avenidas, para mí significaba poco, pues al inicio no conocía a nadie y mi esposo trabajando todo el día. La verdad es que me encontré muy sola en Madrid los primeros tiempos después de mi matrimonio.

El primer año de casada para mí fue un verdadero desastre. No sabía hacer prácticamente nada y no estaba acostumbrada a las exigencias de ama de casa que, contrario a lo que se pueda creer, pueden llegar a ser muy demandantes y estresantes. Tampoco sabía comprar ni organizarme en las tareas más sencillas. Lo pasaba muy mal. Todo era confuso y nuevo para mí. Habían sido demasiados cambios en muy poco tiempo y yo, como dije más arriba, seguía siendo una mujer muy joven. Como si todo esto fuera poco, sentía mucha nostalgia de mis padres y de mi hermano, y como mi marido trabajaba casi todo el día, nunca estaba en la casa. Estaba sola, absolutamente sola, un alma extraviada entre millares de almas afanadas en su día a día, todos corriendo de un lado a otro, todas indiferentes y distantes.

Las jornadas de mi esposo eran largas y extenuantes. Ocupaba un puesto de gran responsabilidad en una central bancaria; no era una sucursal normal, más precisamente era una oficina principal en donde se tomaban las grandes decisiones. Por este motivo yo pasaba casi todo el día agobiada por las tareas cotidianas, entrando en un terreno de convivencia y responsabilidad hogareña que para mí era completamente desconocido. No sabía hacer muchas cosas. Y lo poco que sabía hacer, no estaba muy segura de cómo hacerlo.

Honestamente las jornadas se me hacían interminables. Los minutos pueden ser extraordinariamente lentos y pesados cuando estamos solos y no tenemos nada que hacer. Las agujas del reloj parecen dar un paso para adelante y luego dos para atrás. No lo aguantaba. Por este motivo decidí dedicar buena parte del día a visitar todos los museos de Madrid: el Museo Nacional del Prado, el Museo Arqueológico Nacional, el Museo Nacional de Ciencias Naturales, entre tantos otros. Los museos de Madrid guardan verdaderas joyas de la creación y la sensibilidad humanas. Pasaba todo el día en los museos, entre galerías y salones en donde los grandes cuadros y experiencias humanas me hacían un poco de compañía. Pero no me limité a los museos; también recorrí de arriba abajo la ciudad y los alrededores, cada calle, cada callejón, cada rincón, plaza y parque. Visité el Jardín Botánico, por ejemplo, y el Madrid de los Austrias, sus calzadas, los palacios; había tanto que ver. Y cuando todo esto estaba hecho, decidí irme a los pueblos cercanos y a la sierra. ¡Una verdadera maravilla! Nada me bastaba, quería verlo y conocerlo todo. Sin embargo, insisto en que siempre estaba sola. Y esto revestía la experiencia con cierto silencio y desosiego que no puedo definir de otra forma que como tristeza. Solamente los domingos estaba acompañada por mi esposo.

De todo lo que conocí durante aquellos años, creo que lo único que no me gustó fue el Valle de los Caídos, monumento realizado al terminar la Guerra Civil. Me pareció el horror personificado. Me dio escalofríos contemplar aquel mausoleo de piedras construido por los presos. Para mí es un recuerdo permanente de la insensatez de los señores de la guerra. Me pareció que la piedra susurraba de dolor por las grandes heridas que continúan sin cerrar. Viéndolo, pensé que hasta que esa herida no se cierre seguirán existiendo dos Españas. No he vuelto jamás al Valle de los Caídos.

Conocí prácticamente todo lo que se podía conocer de Madrid y los alrededores.

Pero la verdad es que esto no me hacía mucho más llevaderas las jornadas. No conocer a nadie en la ciudad era muy difícil para mí. Mi flamante esposo comprendía mis lamentaciones y con mucho amor y paciencia me ayudaba en todo lo que podía. Pero las responsabilidades son las responsabilidades y su agenda estaba completamente absorbida por el trabajo, ¡y trabajaba tantas horas!

Afortunadamente mi papá fue a visitarme a los tres meses de casada. Llegó cargado de regalos y de alegría. Para mí fue como una tregua dentro de las inmensas y repetitivas jornadas de Madrid. Sin embargo, no pudo permanecer mucho tiempo en la ciudad porque debía volver para trabajar. Cuando mi papá se fue, quedé mucho peor que al inicio. Los días se me hacían demasiado cuesta arriba. No encontraba un aliciente en nada. Estaba todo el día sola. Vengo de una familia numerosa, cercana; siempre había tenido muchos amigos y conocidos, y en esos primeros meses no hablaba prácticamente con nadie. Por este motivo, poco tiempo después del matrimonio, regresé a Valencia, sola, a casa de mis padres. Ya no lo aguantaba más, quería la vida que había dejado atrás. Al menos temporalmente. Lo necesitaba. Para mí era urgente.

Llamé a mi papá por teléfono y le dije que dentro de poco abordaría un tren para regresar a casa.

—Hija, pero tu marido… ¿Antonio se va a quedar solo en Madrid? ¿Cómo vas a venir así de un momento a otro? —dijo mi papá, alarmado.

—Llego a las tres de la tarde. Hice la maleta sin decir nada a nadie. Voy para allá. Vuelvo a casa. Lo necesito —insistí yo; no estaba dispuesta a dar un paso atrás.

Mi papá me repitió una y otra vez que no estaba muy de acuerdo con mi hazaña; parecía un poco molesto por haber tomado aquella decisión tan precipitada, pero luego, al verme en la estación de trenes, se alegró mucho y todo aquel malestar se le pasó en un segundo. Un rato después llamó a Antonio para pedirle que entendiera mi decisión, le explicó que todavía era una mujer muy joven y que acababa de separarse de la familia.

—Además, la vida en Madrid está siendo muy solitaria para Purificación. Comprende, Antonio, mi hija nunca se había separado de la familia hasta el matrimonio —argumentaba mi papá por el teléfono.

—Yo entiendo perfectamente todo lo que dices, Terencio —contestó mi marido—. Pero ahora estamos casados. Y debemos estar juntos. Ahora ella y yo somos una familia.

Antonio se molestó un poco conmigo. A los pocos días se presentó en Valencia, agitado, angustiado, nervioso.

—No puedo vivir sin ti, Purificación. Te necesito. Regresa a Madrid conmigo, ¡por favor! —me dijo, suplicante.

Necesitaba estar junto a mí. Y yo, al escuchar esto, por supuesto, a los pocos días, regresé a Madrid con él. Mis papás nos acompañaron. La verdad es que a mi papá le gustaba mucho Madrid y no perdía una oportunidad para visitar la capital, recorrer las preciosas calles y disfrutar de su gastronomía. Pero a mi mamá no le gustaba tanto; siempre iba un poco a regañadientes, decía que el sol de Madrid tenía legañas y que no se podía comparar con la luminosidad de Valencia.

La verdad es que Antonio y yo fuimos felices durante muchos años y este episodio no fue sino un impulso al que me empujó la soledad y la melancolía por dejar el tiempo y la vida pasada. No me cansaré de repetirlo.

Mi primer embarazo

En el momento en que quedé embarazada por primera vez fue cuando de verdad empezó a cambiar mi vida. Sentíamos tanta ilusión los dos por esa personita que se estaba gestando en mi vientre que no nos cabía en el cuerpo. El nacimiento de nuestra primera hija, Purificación, fue un gran acontecimiento para las dos familias. Era el primer nieto y, por supuesto, todos sintieron un gran entusiasmo con su llegada.

Tras el nacimiento de nuestra primera hija nuestra vida se llenó de alegría. Era lo que nos hacía falta. Era lo que necesitábamos para, de cierta manera, terminar de entender que estábamos establecidos en Madrid y que nuestra vida era en esta ciudad, en ese momento, juntos.

Trece meses después llegó a nuestra vida otra muñeca: María Paz. Las dos llenaron de gozo a toda la familia. El primer varón demoró cinco años en llegar: Antonio Jesús, cinco años después, José Enrique; y otros cinco después, nuestro quinto hijo: Sergio. Todos preciosos, sanitos, felices, alegres.

Sergio, el menor, vino a ser un juguete para todos. Mi mamá, más allá de que no le gustaba mucho Madrid, soportó con mucho amor y paciencia el sol con legañas de la capital y me ayudó mucho con mis hijos. Mi mamá se encargó de los tres mayores mientras yo me dedicaba casi el cien por ciento de mi tiempo a los dos menores.

Eran jornadas extenuantes, de muchas labores en casa, de pequeños éxitos y pequeños traspiés, pero siempre felices por la responsabilidad y la vida familiar que habíamos formado.

Pasamos muchos años de absoluta alegría. Siento que me repito sobre este punto, pero es cierto. Haciendo un ejercicio retrospectivo a mis más de ochenta años, creo que estos fueron los años más felices de mi vida. Yo concentrada en los niños. Mi marido trabajando. Pero siempre compartiendo con familiares. El viejo silencio y desasosiego que había sentido al recorrer sola las calles y alrededores de Madrid quedaban muy lejos. Todo aquel vacío y tristeza habían sido reemplazados por la dicha más enorme y las risas, gritos y juegos de mis hijos. Estábamos muy contentos. Nos sonreía la vida en todos los sentidos.

Por supuesto, el gasto familiar, con cinco niños a cargo, fue creciendo: colegios, deportes, actividades, manutención y un largo etcétera. Por este motivo tuve que empezar a trabajar. Encontré algo que no tenía nada que ver con mis estudios en Historia del Arte. Entré al ámbito laboral de la moda, la belleza y la alimentación. Me dediqué mucho a mi nuevo trabajo. Y con bastante atención aprendí pronto todo lo que necesitaba saber para desempeñar una labor decorosa.

Por aquellos años pasaba mi vida corriendo de un lado a otro: casa, colegio de los niños, trabajo. Pero podía con todo, era joven y fuerte, y me sentía feliz.

Madrid, la ciudad inagotable

Poco a poco fuimos creando un grupo de amigos fabulosos en Madrid con los que compartíamos los mismos intereses y quienes vivían situaciones parecidas a las de nosotros. Todos padres jóvenes, educados, responsables, dedicados a sus familias y sus trabajos. Nuestra vida social empezó a ser mucho más activa. Solíamos ir al cine, al teatro o simplemente a cenar. También en muchas ocasiones salíamos mi marido y yo solos.

Madrid es conocida en todo el mundo por su historia, pero también por su buen ambiente. Es acogedora, agradable y abierta. Todas las personas, locales y foráneos, se encuentran bien en la capital de España. En Madrid hay millares de planes cada día: restoranes, espectáculos, bares, museos. Y si nada de esto nos interesa un día determinado, podemos sencillamente recorrer la ciudad, los parques y los monumentos. Poco a poco Madrid se convirtió en mi ciudad. En mi hogar.

Madrid es una capital culinaria. Recuerdo muy bien los restoranes que visitábamos en el llamado «viejo Madrid», las comidas típicas y tradicionales: el cocido madrileño, los callos, la tortilla de patata, el bocadillo de calamares o la oreja a la plancha. Todos exquisitos. También recuerdo las tabernas antiguas. Las tapas. Los huevos estrellados. Y cómo olvidar los conceptos más innovadores, la comida rápida y los *street food*. En Madrid las opciones de restauración parecen infinitas. Es una ciudad inagotable en este sentido, no se puede probar y abarcar todo. Parece que cada día la oferta es renovada y surge algo nuevo y maravilloso.

Uno de mis lugares favoritos siempre fue Las Cuevas de Luis Candelas, cerca de la Plaza Mayor. Restorán fundado en 1860. Como dice en su página web: «En el siglo XIX era sitio concurrido por lo más castizo de la época y chicoleo de majas y chisperos». El lugar es un encanto. Lo visitamos en infinidad de ocasiones, solos o acompañados.

Sí, aquellos años fueron una etapa maravillosa de nuestra vida de casados en la que todo iba bien: la familia, el amor, el trabajo, las amistades.

Mi marido y yo estábamos muy enamorados. Después de cenar en alguno de los inmejorables restoranes de Madrid, caminábamos de regreso a casa bajo un manto de estrellas, iluminados apenas por las farolas de la calle, apretados en los abrigos, y en esos momentos sentía que no podía existir nada mejor en el mundo: un esposo que te ama, una familia maravillosa, una ciudad y una sociedad encantadoras.

Durante las jornadas de trabajo mi esposo decía que deseaba llegar a casa para verme y estar conmigo. Y lo cierto es que yo también deseaba lo mismo y, por supuesto, también para ver y estar con los niños. Para mí, mis hijos son lo más grande e importante en mi vida.

En Valencia, una amiga de mamá decía algo que me ha encantado siempre: «El corazón es una casa de huéspedes, todo el que entra se quiere». Es una frase muy bonita. En esa época entraba mucha gente en mi corazón.

Papá y su niña en coche por Madrid

Siempre me han gustado los coches, las motos, las bicicletas. Recuerdo haber tenido una bicicleta que me gustaba muchísimo. La utilicé hasta el cansancio, hasta que una tarde la pobre no aguantó más y se rompió en mil pedazos. Con las motos tuve una experiencia más traumática. A los catorce años me caí con mi primo Pedro; no íbamos a una velocidad excesiva, pero quedé hecha un eccehomo. Mi papá se disgustó mucho aquel día, lo recuerdo lanzando gritos al cielo y reprendiendo a mi primo. Hecho esto, con voz firme y fuerte, dijo:

—No volverás a caerte de una moto nunca más. Te voy a enseñar a conducir.

Al poco tiempo me sentó al volante de su coche y me enseñó a conducir. Aquello sucedió por el año de 1956. La verdad es que aprendí rápido. No sé si mi papá era un excelente instructor de manejo o yo tenía aptitudes. Sin embargo, esta facilidad no se reflejó en el examen de manejo para obtener el carnet de conducir. Demoré muchísimo tiempo. Me costó mucho esfuerzo, sudor y exámenes de manejo para finalmente obtener mi carnet.

Mi marido era muy miedoso con todo lo relacionado con los coches. No le gustaban para nada, constantemente decía que eran un peligro. Pero yo no escuchaba ninguna de sus razones. Empecé a conducir muy joven y hoy, con ochenta y dos años cumplidos, sigo conduciendo.

Luego de mi matrimonio, cada vez que mis padres venían a Madrid desde Valencia, mi papá me dejaba su coche y nos dedicábamos a dar vueltas por toda la capital, de arriba abajo, de un lado a otro. ¡Y por entonces todavía no tenía carnet! Pero no me importaba. Los coches, las motos, las bicicletas, como dije más arriba, me fascinan, al igual que el agua del mar o las piscinas; creo que los vehículos son uno de los contextos en donde me encuentro más a gusto.

Mi padre temblaba cuando girábamos por Madrid en su coche. Pero yo estaba completamente despreocupada y pasaba desde la Gran Vía a Cibeles, para luego llegar a la calle Alcalá, en donde dejábamos atrás la hermosa Puerta de Alcalá a una velocidad nada despreciable y ascendíamos hacia Manuel Becerra bordeando el parque El Retiro, para finalmente girar en Las Ventas.

—Si nos pillan, me van a quitar el carnet de conducir —decía mi padre desde el asiento del copiloto.

—No te preocupes —contestaba yo—. ¿Qué nos puede pasar? Recuerda que me enseñaste a conducir tú y, en consecuencia, lo sé hacer perfectamente bien.

Entonces él, incapaz de poder disimular completamente el miedo, mostraba un verdadero y genuino orgullo.

Íbamos a todas partes en aquel coche: cine, teatro, tiendas, mercado. Me aparcaba, bajábamos, hacíamos esto o aquello y de nuevo al volante, a la carretera, en dirección al otro extremo de la ciudad.

La verdad es que cuando mi padre venía a visitarnos a la capital, para mí los días se convertían en una completa fiesta. Por aquella época conocí Madrid de arriba abajo. Mi madre nos acompañó pocas veces; prefería quedarse en casa con sus nietos. ¡Cómo no comprender a mi mamá! Todos disfrutábamos a nuestra manera y lo cierto es que todos disfrutábamos mucho.

Quizás el que menos disfrutaba era mi padre, a quien solamente le regresaban los colores al rostro cuando bajábamos del coche. Para él era un verdadero drama conducir sin carnet alrededor de todo Madrid. Pero nunca nos pillaron. Cuando finalmente me saqué el carnet, la felicidad de mi padre fue completa. Los dos siempre la pasamos muy bien juntos. Sin embargo, cuando todavía no tenía el permiso de conducir, él solamente estaba completamente a gusto con el coche bien aparcado y con el motor apagado junto a alguna acera. Pero no duraría mucho tiempo ahí estacionado, en silencio; en un dos por tres yo regresaría al volante, mi padre en el asiento del copiloto, el motor ronroneando, el acelerador a fondo, para ir por toda la ciudad, juntos, felices, papá y su niña.

La vida matrimonial y la compatibilidad con la pareja

Honestamente siempre he pensado que las parejas que deciden compartir su vida son (o deben ser) un complemento el uno para el otro. Ninguno es ni mejor ni peor que el otro. Cada uno tiene sus cualidades, virtudes y defectos. Pero es fundamental que sean razonablemente afines; tener cosas en común, intereses compartidos, gustos similares, una visión del mundo que no se aleje demasiado la una de la otra, valores, integridad e, incluso, una crianza parecida; de lo contrario, la convivencia se puede tornar muy difícil.

Las relaciones funcionan mejor si las personas son comprensivas y racionales. Es importante tener las ideas claras. Es normal que no estemos de acuerdo en absolutamente todo con la persona con la que decidimos compartir nuestra vida, pero es necesario tener varios (incluso muchos) puntos en común. Las ideas, la cultura, el conocimiento, los puntos de vista no deben alejarse.

Creerse superior a otra persona, por ejemplo, siempre me ha parecido algo irracional. Y me atrevo a decir que esta es una de las principales causas de tantos problemas que existen en el mundo. Si entre todos lográramos ser más sensibles, con bondad y humildad, mejoraría mucho nuestra convivencia dentro de la sociedad. Pienso que, tanto en las relaciones personales como en nuestra relación con la sociedad y el mundo, la comprensión y el diálogo deberían ser nuestra bandera.

La familia y el paso del tiempo

Como dije más arriba, mis padres venían con mucha frecuencia a Madrid a visitar a sus nietos. María Paz y Terencio no podían pasar mucho tiempo sin verlos. Es comprensible, fueron sus primeros nietos. Vivimos hermosos y muy bonitos momentos en Madrid luego del nacimiento de mis hijos.

Todos los veranos los pasábamos en familia, y solíamos dividir el tiempo entre los abuelos paternos y maternos.

Casi todas las vacaciones de verano viajábamos a Valencia. Pasábamos días enteros, jornada tras jornada, en las maravillosas playas de mi tierra natal. ¡El agua! ¡El mar! ¡Nuestro elemento!

A menudo comíamos la clásica paella valenciana. A mi hermano Pedro era al que más le gustaba. También degustábamos el *all i pebre*, un guiso de anguilas cuya base se elabora a partir de ajo y pimentón, y al que, en ocasiones, se le añaden patatas y pescado. Un plato típico de la Albufera, en donde pasamos muchos momentos hermosos. Siempre elegíamos restoranes típicos de la zona, los mejores, los que ofrecían productos frescos locales, y en donde destaca, como dije, el uso de la anguila, pero también pescados de la laguna y los ingredientes de temporada como el tomate y los mariscos. Disfrutábamos mucho comiendo en estos lugares encantadores, conversando, descansando, dejando que el tiempo se deslizara a nuestro alrededor con toda la cálida dulzura del verano.

Por aquellos años leí varias de las obras de Vicente Blasco Ibáñez (Valencia, 29 de enero de 1867-Menton, 28 de enero de 1928), sin duda uno de nuestros más grandes escritores. Honestamente me maravillaron las novelas naturalistas de Blasco Ibáñez. Recuerdo bien La barraca, obra publicada en 1898, en donde se narra de manera magistral la psicología colectiva y la crueldad de los personajes, los bajos instintos y la brutalidad del medio en que viven. Creo que prácticamente todos los valencianos hemos leído la obra de Blasco Ibáñez. Yo, como dije, la considero extraordinaria. En sus libros hay precisión y claridad, y son una verdadera fotografía de las costumbres y la época que representan. Muchos de los libros de Blasco Ibáñez fueron llevados al cine con gran éxito. Valencia siempre ha dado muy buenos artistas, en todos los ámbitos de la cultura. Y para mí, en este sentido, se me hace imposible no recordar ciertos momentos de nuestros veranos sin rememorar la obra del gran escritor valenciano. En la memoria, como ya he dicho anteriormente, ciertos recuerdos se mezclan y crean una fórmula indisoluble, una manera de ver, una emoción en donde diferentes momentos se entrelazan para crear una totalidad de sensaciones y emociones, como si la memoria y el pasado (tal como dije al inicio de este relato) fueran el lento vaivén de nuestro mar personal, sin cronología, unificado y total.

Nuestras vacaciones de verano eran maravillosas y fueron así hasta que mis hijos se hicieron mayores. En ese momento, por supuesto, las prioridades de mis hijos cambiaron y cada uno fue poco a poco tomando por un rumbo personal y distinto.

Pero la edad y la inquietud de cada uno no fueron lo único que fue cambiando la dinámica familiar. Es normal que durante la adolescencia y la primera madurez los intereses de cada uno vayan perfilando los caminos que seguirán en la vida. Este es el paso natural de las cosas, es el proceso de la evolución personal, del autodescubrimiento, de la búsqueda vital y vocación de cada uno. Lo que fue cambiando nuestra vida paulatinamente fue el fallecimiento de seres queridos; pasamos de una felicidad y paz inmensas a un malestar continuo e inexplicable.

La vida no es precisamente un lecho de rosas. Pero lo cierto es que durante cincuenta años fui muy feliz. Mi nacimiento llenó de gozo y felicidad a mis queridos padres. Ya tenían a mi hermano Pedro, pero deseaban fervientemente una hija. Y sus deseos se cumplieron. Mi infancia estuvo colmada de mimos. También mi adolescencia. Es verdad que fui muy sobreprotegida por mi familia (principalmente por mi padre) y esto, en ocasiones, sobre todo durante la adolescencia, generaba ciertas dificultades en la dinámica familiar, al menos desde mi punto de vista. Hubo muchas cosas que durante la adolescencia quería hacer y, por un motivo u otro, y siempre ligado a esa sobreprotección, no pude hacer. Pero tampoco en este aspecto, y dando un repaso a mi vida, puedo quejarme. Fui siempre muy unida a mi hermano Pedro. Y no exagero al decir que sus amigos eran mis amigos y viceversa. Estudié, me formé y aprendí los valores de una familia maravillosa. Dentro de la familia siempre fuimos muy cariñosos los unos con los otros. Ya a las puertas de la madurez conocí a quien se convertiría en mi esposo. Mi esposo era un hombre extraordinario. Fuimos novios durante dos años y nos casamos. Fueron tiempos fabulosos. Años maravillosos. Más allá de los pequeños problemillas presentes en todas las cotidianidades.

Nuestro matrimonio fue muy feliz. No podría decir lo contrario. Tuvimos cinco hijos preciosos. Mi marido y yo fuimos el complemento perfecto para el otro. Creo que, en retrospectiva, nuestra etapa más feliz fue cuando los niños eran pequeños, alegres, sanitos y cariñosos.

Nuestro amor era un amor absoluto, y también el de todos nuestros hijos con sus padres y con sus hermanos. Sin embargo, el tiempo, indefectible, sigue su curso, y pasan muchas cosas, algunas irremediables. Sigo amando a mis hijos, por supuesto, vivo por ellos. Pero no deja de sorprenderme cómo algunas circunstancias acaecidas en la vida condicionan la cotidianidad e incluso el amor.

Segunda parte

Las adversidades

La muerte de mi padre fue el primer gran revés que recibí; tardé mucho en recuperarme. Pocos años después murió mi hermano Pedro, con solamente cuarenta y seis años. Aquel período fue espantoso. Y yo no podía demostrar mi pena, puesto que mamá quedó destrozada. Yo tenía que calmar su dolor, pero estaba trabajando y me faltaba día para llegar a todo. Lo cierto es que mi madre no llegó a recuperarse jamás.

Mi hermano Pedro fue soltero durante muchos años. Se casó bastante después que yo. Venía a mi casa con frecuencia y no cabía en sí de gozo con sus sobrinas; mi hermano siempre tuvo una debilidad por mis hijas que se traducía en especiales demostraciones de amor. Lo cierto es que ellas eran el centro de atención de toda la familia.

Finalmente, mi hermano se casó con Amparo, una enfermera encantadora, con la que tuvo cinco hijos preciosos: Pedro José, María Paz, Nuria, Amparo y Javier. Todos hermosos, una familia de guapos.

Mi mamá estaba encantada y constantemente recordaba la maravilla que sentía al tener diez nietos de sus dos hijos.

Insisto en que aquellos años, cuando nuestros niños eran pequeños, fueron la mejor época de mi vida; fuimos muy felices durante mucho tiempo.

La verdad es que mi hermano Pedro fue siempre una persona muy seria, muy formal, responsable y familiar. Trabajador en grado sumo. No fallaba nunca en el trabajo, lo cumplía religiosamente, y siempre estaba preocupado por los demás.

Llevaba un negocio que hacía prácticamente de todo: muebles, puertas, cocinas... Siempre tenía la mente puesta en el trabajo. Contrajo hepatitis, pero como era leve, no le dio importancia y decidió seguir trabajando, desoyendo los razonamientos de su mujer, que, como enfermera, sabía a lo que se exponía al no cuidarse y no hacer el adecuado reposo. La enfermedad se convirtió en cirrosis. Y cuando se dio cuenta, ya era un poco tarde. Mi hermano siempre comió bien (nuestra dieta es mediterránea) y nunca fumó, por lo que pudo recuperarse bastante, pero aquello fue un gran disgusto para la familia. Vivió doce años más, hasta que aquella enfermedad terminó con él siendo muy joven. Fue un golpe muy grande para todos, por supuesto. Mamá quedó destrozada, como es lógico, y, como dije, ya no se recuperó jamás. Mi mamá y Pedro estaban muy unidos; vivían los dos en la misma calle en Valencia. Para mi mamá fue demasiado. Mi papá había fallecido poco tiempo antes y, en consecuencia, quedó completamente sola. Por este motivo se vino a vivir con nosotros definitivamente.

El paso del tiempo y las batallas

Sí, por supuesto, tuvimos muchos años de gloria y alegría. Vivíamos contentos, mi esposo y yo muy enamorados, los niños muy felices (mis hijos y mis sobrinos), los abuelos espléndidos y abnegados. Éramos una familia feliz, como muchas de las familias de nuestro entorno. Sin embargo, por el inclemente paso del tiempo y por ley natural, nos fueron faltando seres queridos, tanto por parte paterna como por parte materna.

Mi mamá para mí siempre fue mi estandarte, mi pilar, mi soporte fundamental. Conmigo siempre se mantenía fuerte. Era la figura principal de la casa, la cabeza de toda la familia. Siempre supo comportarse como una gran dama; era una mujer muy distinguida en todas sus formas, modales y costumbres. Culta, sabia, un verdadero referente para todos. Los nietos la adoraban, tanto mis hijos como los hijos de mi hermano. Los diez nietos que llenaban su vida de amor y alegría la tenían en un pedestal. Mi mamá sabía cómo estábamos y cómo nos sentíamos cada uno de nosotros con una simple mirada. También fue siempre la preferida de todos sus hermanos; no pasaba inadvertida por su gran inteligencia y mayor corazón.

De los abuelos fue la última en fallecer y, como es lógico, dejó un gran vacío en la familia, un vacío que no podría ocupar nadie más, pues mi mamá era única e irrepetible. Los hijos, nietos, hermanos, sobrinos, allegados, vecinos, amigos, todos quedamos muy afectados. Pero sobre todo yo. Para mí lo había sido todo. Un ejemplo de vida, de sensatez, de comprensión, de bondad y de saber estar con la palabra justa y el gesto preciso. Era mi mano derecha en todo. Estábamos siempre juntas pues, con cinco hijos, di mucho que hacer a mis padres. Por eso se me hace tan difícil tratar de explicar o al menos esbozar medianamente lo que mi mamá significó y significa para mí.

Me llena de ternura recordar a mis padres. Me hace mucho bien. Los tengo presentes todos los días de mi vida. La memoria puede ser engañosa, sobre todo cuando los años y la distancia se acumulan y el pasado es cada vez más lejano. A veces una situación está difuminada, un poco borrosa en el recuerdo, en ocasiones no recuerdo ciertos detalles precisos de aquellas risas alrededor de una mesa después de una comida o de los paseos por el Parque El Retiro, pero el amor, el cariño y la emoción siguen intactos. Sí, me hace mucho bien pensar en mis padres. Ellos viven en mí. Y todo lo que me enseñaron es lo que traté de transmitir e inculcar a mis hijos. Mis padres fueron las figuras de referencia en mi vida.

Cumplí rigurosamente la última voluntad de mi madre. Sus restos descansan en el pueblo que la vio nacer, en el mismo lugar en donde yacen sus padres (sobre los que sentía una adoración muy especial) y sus nueve hermanos. Fue una familia numerosa: diez hermanos, muy guapos todos. Todos extraordinarios, mi hermano y yo quisimos mucho a nuestros tíos.

Como decía, el tiempo, el implacable tiempo y la ley natural nos fueron separando lentamente.

Pero todavía no había recibido el golpe más fuerte de mi vida, el golpe que me hizo cuestionar incluso seguir viviendo, el que durante mucho tiempo me quitó la alegría, la fuerza y las ganas de existir.

El golpe más duro

Sergio, el más pequeño de mis hijos, en la víspera de su matrimonio, murió de un infarto fulminante, tenía solamente treinta y seis años. Sucedió en el año 2015.

No hay palabras para describir el dolor, el espanto, la herida que desgarra, el quiebre del alma que arroja tus pedazos por las calles y rincones de todo este mundo. No hay palabras y ni siquiera intentaré describir un momento así. No es necesario. Solo me limitaré a decir que ningún padre, en ningún contexto, en ninguna circunstancia ni lugar ni espacio, debería sobrevivir a uno de sus hijos. No es justo. No lo entendí ni lo entenderé. El dolor era demasiado intenso. El mundo, la existencia misma, perdió todo su significado.

Después del fallecimiento de mi hijo Sergio, mi precioso rubio, comprendí que la vida puede ser realmente dura y cruel. Sobre todo cuando seres queridos te piden más, cuando te piden que des más y que continúes viviendo y con buen ánimo. Entiendo que la familia te quiere ver bien, verte como eras. Pero esto es antinatural. Y no siempre es posible.

Este fue el gran golpe de mi vida, el más inesperado. En ese momento yo quería dejar de vivir. Para mí todo había terminado. No encontraba ningún sentido a la existencia. Insisto en que estos golpes, tan hondos, tan profundos, tan terribles, no pueden explicarse. Sigo escribiendo palabra tras palabra, pero al mismo tiempo me doy cuenta de que todo esfuerzo es inútil. Las palabras nunca serán completamente capaces de decir lo que queremos decir. El significado de cada una se difumina cuando se acercan al dolor, al verdadero y más profundo dolor. Hasta ese lugar no llega el lenguaje. No podría hacerlo. Escribir es una tentativa, un intento, una comunicación parcial, nunca total. Las palabras se acaban en su propio mundo y regresan a sí mismas. Las ideas quedan flotando alrededor, las imágenes, pero nada de esto puede transmitir el verdadero dolor. El lenguaje se convierte en un grito. Y ese grito es inteligible.

Para mí la vida se partió en dos. Yo misma sentía que me partía en mil pedazos. Quería irme con mi hijo Sergio. No me quedaron fuerzas para seguir viviendo. Pero en ese momento de oscuridad total y desesperación, una luz alumbró el oscuro túnel: unas palabras de mi nieta Esther:

—¡Abuela! ¿Yo no te importo?

Lo decía con total inocencia y ternura. Quería que yo estuviera para ella, por supuesto, y estas palabras me hicieron reflexionar.

—¡Claro que me importas! —contesté, bañada por las lágrimas.

Todos me importan, mis hijos, mis nietos, mis sobrinos… Pero el dolor que sentía era demasiado hondo, demasiado profundo. Desde ese momento, para soportar el dolor, tuve que aprender a vivir de otra manera. Nunca volvería a ser la misma (nunca volví a ser la misma), eso lo entendí rápidamente, pero si quería seguir aquí para mis seres queridos, tenía que recuperarme poco a poco, al menos parcialmente; tenía que ir reconstruyéndome pieza a pieza para tratar de que no se desmoronara todo e intentar vivir sin la parte de mi ser que se fue.

Realizando un gran esfuerzo, con valentía, me enfrenté a los problemas que no me dejaban descansar. Pero lo cierto es que a partir de esta tragedia ya no existía comprensión en la familia. Cada uno se puso una gran coraza. Fue la manera que encontramos para soportar y para enfrentarnos al dolor. Nos fuimos alejando. Como si no vernos hiciera el proceso menos duro. Ninguno quería saber nada de los demás, tampoco de mí. Era un proceso muy difícil, se había ido la persona que disfrutaba con todo, la más alegre. Yo vivía como podía, pero seguía con la gran coraza, impenetrable, tremenda, imitando a algunos de mis hijos. No obstante, siempre seguí atendiendo a quien me lo pidiera y lo necesitara.

Es realmente difícil subsistir con dignidad cuando todo parece estar en contra. Es muy duro, no quieres hacer nada, pero al mismo tiempo es necesario llenar tu tiempo con algo, tener ilusión, no pasarte la vida lamentándote. Me había cambiado mucho la vida, pero debía seguir viviendo con dignidad por y para todas las personas que quiero en este mundo. Y, también, por los conflictos mundiales que me parece importante abordar. Por eso, desde ese momento, empecé a enfocarme en las luchas valiosas y a esforzarme por todo lo que vale la pena: mis hijos, mis nietos, mis amistades, pero también por nuestro hermoso planeta.

Sergio y el mar de Torrevieja

Sergio era el pequeño y con él me unía algo especial. Pasábamos muchas temporadas juntos. Tenía una novia preciosa. Eran la pareja perfecta. No he visto en mi vida unión y amor tan grandes. La verdad es que ella no olvida a Sergio. Tenemos poco contacto, pero me dice que está muy desgraciada por lo que sucedió. Yo sufro al verla tan mal, sobre todo porque la vi en su momento de mayor alegría y esplendor, en la víspera de su boda de aquel ya lejano 2015.

Mi hijo y su novia vivían en Torrevieja, Alicante, un pueblo costero muy bonito. Torrevieja es visitada por turistas de todo el mundo durante la temporada de verano. El apartamento en el que vivían era de propiedad y lo tenían casi completamente pagado. Tras la muerte de Sergio, renuncié a todo, al apartamento, a los muebles; no quería saber nada de aquello. Pero cuando volví a la vida y pude razonar con cierta tranquilidad, me di cuenta de que era una insensatez renunciar a todo el esfuerzo de mi querido hijo, a sus recuerdos y felicidad. Por este motivo decidí quedarme con el apartamento. Suelo ir con bastante frecuencia. Siempre me ha dado la impresión de que mi hijo está entre las paredes del apartamento de Torrevieja, como si vivieran en otra dimensión, inenarrable y distinta, pero al mismo tiempo cercana.

Sergio había estudiado y trabajado en Irlanda. Lo mandamos a Irlanda para que perfeccionara el inglés. La verdad es que Sergio siempre fue muy mimado por todos y no había forma de que aprobara los estudios más básicos. Lo tuvimos que internar en un colegio para que terminara los estudios obligatorios. En ese momento nos costó mucho separarnos de él, pero lo sentimos como algo necesario. No obstante, pasaba en casa todos los fines de semana. Sergio era muy amiguero y le gustaba estar con los amigos para olvidar las exigencias y la rectitud del colegio. Como dije, al terminar de estudiar, se residenció en Irlanda, empezó a trabajar como camarero y al poco tiempo se convirtió en un gran chef, valorado y apreciado. Al poco tiempo de esto, cansado de vivir en el extranjero, regresó a España y abrió un restorán en Torrevieja, Alicante.

Tras la muerte de Sergio, cada vez que voy a Alicante, visito las playas. El mar de Torrevieja es espléndido: arena muy fina, agua transparente, con temperaturas que las hacen aptas durante casi todo el año, suaves, de oleaje normalmente aceptable tanto para niños como para personas mayores. Sumergirse en estas aguas, sobre todo en verano cuando el calor suele subir bastantes grados (en ocasiones hemos rozado los 40 grados centígrados), es perfecto. Como me gusta tanto la mar, como dicen los pescadores y como escribió el gran poeta gaditano Rafael Alberti: El mar. La mar. El mar. ¡Sólo la mar!, disfruto mucho con los baños, me dejo mover por la corriente salada y por el balanceo de las olas, como si el mar fuera una antigua presencia que todo lo sabe y nada pregunta, al que interrogamos sin más respuesta que la tonificante sensación de sumergirse, en el que de alguna manera nos convertimos al estar arropados bajo sus aguas, como si aquello fuera una vieja memoria de siglos.

Torrevieja tiene un puerto muy bonito. En su lonja venden los pescados y mariscos de la zona, manjares muy bien valorados tanto por las personas de la tierra como por los turistas que nos visitan.

Muy cerca de Torrevieja, a unos 70 kilómetros de distancia, está la Isla de Tabarca, una verdadera reliquia del pasado. Existe un pequeño barco que se puede abordar para visitarla. La embarcación pasa por varios sitios de la provincia de Alicante y permite pasar el día en Tabarca. Sale por la mañana y regresa por la noche. Es una excursión que merece la pena hacer. Siempre la recomiendo. En la isla se pueden degustar excelentes platos de la gastronomía valenciana. Si bien la paella es la más conocida en Alicante, es más popular su fideuá. Un plato similar a la paella, pero que en lugar de arroz lleva pasta, concretamente fideos especiales. Las dos son muy buenas y tienen gran aceptación.

La Isla de Tabarca es la isla más habitada y grande de la Comunidad Valenciana. Es también conocida por sus aguas cristalinas, declaradas reserva marina, y su historia como refugio de piratas. Ofrece playas de arena blanca, un pequeño núcleo urbano con la iglesia de San Pedro, la Casa del Gobernador (convertida en hotel) y restos de murallas. Una preciosidad. La isla no tiene más de setenta habitantes, pero este número se multiplica en verano.

En ocasiones me parece extraño, pero he logrado sentirme bien en el lugar en donde la vida me dio el mayor golpe. Todo esto que he descrito es Torrevieja y Alicante para mí: playas, paisajes preciosos, la mar, la fina arena, la excelente gastronomía, la Isla de Tabarca, el cielo despejado, el calor de verano, los bares y cafés, las calles, los barcos fondeando en las aguas cristalinas, pero también y, sobre todo, el recuerdo y la presencia constante de Sergio.

Los conflictos familiares

Quizás el cambio en nuestra familia había comenzado antes de la muerte de Sergio. En la medida en que los hijos crecen, como también es natural, se alejan un poco de sus padres y comienzan a construir su propia familia.

Además, apareció la adicción a las drogas de uno de mis hijos, Antonio Jesús. Esto, como se comprenderá, conlleva una cantidad de situaciones inenarrables, pero se puede resumir con una única palabra: destrucción. Una destrucción en muchos sentidos: personal, familiar, física, material, moral, intelectual, social.

Mi esposo y yo luchamos juntos, denodadamente, contra la adicción de nuestro hijo. Pero cada vez que creíamos que dábamos un paso, recomenzaban las recaídas. Y con las recaídas venían las discusiones, los altercados de todo tipo, el distanciamiento. Lo que podría ser considerado «normal» en este tipo de casos. Y entrecomillo la palabra «normal» porque en esos momentos nada parece encuadrar con la normalidad, todas las dinámicas se trastocan y la vida que tenías queda demolida por la terrible adicción.

Hoy puedo decir que mi hijo está bien y es una gran persona. Y también puedo decir con orgullo que la atención personal y la ayuda dedicada de su madre fueron fundamentales para él. Él mismo me lo ha dicho en diferentes oportunidades. Mi hijo, después de superar la adicción, es una persona que piensa mucho y habla poco; pero el comportamiento con su entorno es ejemplar, siempre tiene un libro en las manos y se ha convertido en una persona muy comedida en todo.

Pero mientras luchábamos aquellas batallas, con el río revuelto, como comúnmente se dice, comenzó una encarnizada venganza personal contra nuestra familia que relataré con mayor detalle más adelante. Lo cierto es que esta ya se venía gestando desde un tiempo atrás. Su origen era uno de los más viles y abyectos rasgos que puede experimentar el ser humano: la envidia. La maldad más espantosa y surgida solamente para crear el mayor mal posible. Este fue un frente abierto monstruoso en nuestra familia. La verdad es que al inicio no sabíamos ni de dónde venía. Y mi esposo era bueno, educado, respetuoso, amante, un dechado de virtudes, un amor, pero de valiente tenía poco. Nadie es perfecto. Tuvimos pocas armas con las que defendernos.

La verdad es que yo tampoco era una mujer valiente. No obstante, aprendí que las personas tenemos que asumir nuestra dignidad y hacer frente a las vicisitudes de la vida. Si te atacan injustamente, tienes que defenderte como puedas y tratar de resolver la situación. Me ha costado, pero aprendí a ser fiel conmigo misma. Si no somos fieles a nuestros principios y valores, el barco se viene a pique.

Hubo situaciones muy duras durante esos años.

Pero quizás lo que más me afectó fue ver a mi amado esposo lavarse las manos como Poncio Pilatos con la adicción de su hijo. Por este motivo no tuve más remedio que separarme. Ahora pienso que quizás actué precipitadamente. No lo sé. Pero en ese momento no veía otra opción. Mi esposo le daba las espaldas a la adicción de nuestro hijo y, como si esto fuera poco, lamentaba amargamente que lo dejara solo. Yo no me lo podía creer. Él, que decía amarme para toda la vida, y que sin embargo no le importaba que fuera sola para enfrentarme a los gigantes. Como dije, no era valiente, y tenía pocas armas, pero poco a poco aprendí a presentarles batalla.

La adicción a las drogas

Pocos pueden decir que el matrimonio es para toda la vida. La triste realidad es lo que dicen las estadísticas: el divorcio y la separación de las parejas es cada vez más común. Por supuesto, todas las personas se casan pensando que la unión durará durante toda la vida y que, sin importar los altibajos, se acompañarán, cuidarán y respetarán. Casi todos nos casamos muy enamorados. Este, por supuesto, también fue mi caso. Estaba completamente enamorada de mi esposo Antonio cuando caminé lentamente hacia el altar. Faltaría a la verdad si no dijera que nuestro matrimonio fue perfecto durante muchos años. Lo cierto es que fuimos muy felices y nos sentimos plenos y absolutamente colmados de toda la alegría del mundo al concebir cinco hijos maravillosos, todos sanitos, alegres y estudiosos (unos más que otros). Pero a medida que nuestros hijos fueron creciendo, los problemas fueron aumentando.

Al inicio compartíamos mucho tiempo juntos. Como dije más arriba, mis padres con frecuencia viajaban desde Valencia para pasar unos días en Madrid y mi esposo y yo, aprovechando que mis padres se quedaban en casa para cuidar a los niños, salíamos por las noches a cenar, o al cine, o al teatro. Muchas veces salimos con otras parejas, la mayoría compañeros de trabajo de mi marido, gente encantadora con la que con el paso de los años formamos una verdadera y duradera amistad; algunos de ellos fueron para nosotros como parte de la familia. Todo transcurría muy bien entre mi esposo y yo. Es cierto que había pequeñas diferencias entre nosotros, pero por regla general, siempre cundió la paz, el amor y la comprensión. En una palabra: felicidad.

En la medida en que los niños se fueron haciendo mayores, incrementaron mucho los gastos de la casa y tuve que empezar a trabajar en una firma de cosméticos, un trabajo que realicé con bastante éxito. Esto, por supuesto, mejoró nuestra economía notablemente. Gracias a nuestra cultura, al esfuerzo y al trabajo nos fue cada vez mejor y esto levantó la envidia en ciertas personas de nuestra comunidad, pero nosotros le hacíamos poco caso y pasábamos de ello. En nuestro núcleo familiar estábamos todos muy unidos y felices, con pequeños problemas que íbamos resolviendo sobre la marcha.

Poco a poco los niños fueron terminando sus estudios. Ya algunos empezaban a colocarse en sus trabajos.

Todo iba muy bien. Pero un tiempo después recibimos la terrible noticia que trastocó todo y fue el inicio del fin de la armonía que siempre reinó entre nosotros. Como dije, mi hijo Antonio Jesús cayó en el mundo de las drogas. Este fue nuestro desmoronamiento.

¡Oh, con cuánto dolor y con cuánta dificultad hablo sobre este tema! Pero qué puedo decir yo que no se haya dicho ya sobre el terrible y abyecto mundo de las drogas. Son demasiados años de lucha con poco éxito. No importa el tiempo y la dedicación que pongamos en tratar de ayudar a un familiar, ¡a un hijo!, a salir de estas adicciones, pues nada parece ser suficiente. Es como si las garras oscuras de las drogas atenazaran más fuerte a su víctima cada vez que creemos que hemos dado un paso o que hemos conseguido algo para lograr la completa y definitiva sobriedad de nuestro ser querido. La droga destruye a los seres humanos. Y, lejos de disminuir, el consumo crece año tras año en todo el mundo; las estadísticas no mienten al respecto. La humanidad camina lenta e indefectiblemente al abismo de los estupefacientes. Es como si de cierta manera las personas no pudieran soportar el peso de la realidad y evitaran la lucidez, quizás atormentadas por los conflictos, las guerras, la desesperanza, y se arrojaran sin pensarlo a ese mundo de falsedad e ilusiones pasajeras que los consumen lentamente pero puntualmente. Las drogas son uno de los grandes problemas a nivel mundial hoy en día. No solamente destruye a los individuos, también es capaz de dilapidar fortunas, destruir los bienes y separar a las familias.

En nuestra familia, la adicción de mi hijo Antonio Jesús cayó como una bomba que de un golpe fulminante hizo temblar los cimientos de nuestra realidad y agrietó buena parte de nuestras vidas. Estábamos llenos de incertidumbre y de pesar. Sin embargo, la respuesta, tanto mía como de mi marido, fue la de apoyar a nuestro hijo, la de tratar de ayudarlo con todas las herramientas y conocimientos del caso que poseíamos; estábamos determinados a que nuestro hijo pudiera recuperar la salud y el bienestar. Continuábamos muy unidos cuando esto sucedió. Sin embargo, como dije más arriba, todos los esfuerzos muchas veces son insuficientes. El tiempo pasaba y no lográbamos mucho en este aspecto. La desconfianza y el temor estaban en el aire; nos perseguían, nos atenazaban.

La separación definitiva

Mi marido y yo fuimos felices durante muchos años. Haciendo un ejercicio retrospectivo, honestamente, fueron muchos más los momentos buenos que los malos. Siempre estuvimos de acuerdo en prácticamente todo. Por supuesto, como todas las parejas, tuvimos nuestros altercados y discusiones, pero nuestros enfados siempre fueron peccata minuta, pequeñeces que solíamos solucionar con amor y más amor; la verdad es que nunca hubo ningún distanciamiento entre los dos.

Pero todo esto cambió lenta e indefectiblemente y los motivos eran evidentes. Las recaídas en las drogas de nuestro hijo Antonio Jesús iban abriendo una brecha cada vez más grande e insalvable entre nosotros; pero la guinda del pastel fue la venganza personal que seres indignos y envidiosos realizaron con meticulosidad y saña contra nosotros. Todo esto aceleró nuestra separación definitiva.

Uno de los motivos de mayor distanciamiento con mi marido ocurrió cuando, tras una de las recaídas de Antonio Jesús en las drogas, decidió echar a nuestro hijo de casa en un estado lamentable. Esto me pareció increíble; era como si mi marido no comprendiera que la adicción es una enfermedad. Además, mi esposo se negaba a admitir otra gran cantidad de problemas que teníamos. No quería enfrentarse a ellos y cobardemente me dio a elegir: vivir con él, pero sin preocuparme por nada, es decir, abandonar a nuestro hijo a su suerte, o separarnos. Tras escuchar esto, yo quedé impactada, llena de angustia y sobresalto.

—¡Cómo puede hablar así de un hijo que además está pasando por una situación tan difícil y complicada! —pensé aquel día con una profunda tristeza.

No, no estaba dispuesta a escuchar semejantes razones y argumentos. Por primera vez en mi vida reaccioné con fuerza y determinación, reaccioné de tal manera que le causé miedo a mi marido. El enfrentamiento fue terrible. Tenía llamas fulminantes en la mirada; me sentía llena de fuerza y con un ímpetu indetenible. Hasta ese momento yo desconocía el potencial que tenía adentro de mí. No le di opción al diálogo. Estábamos en distintas dimensiones. No le reconocí. Me pareció un monstruo.

—Eres su padre y te retiras de la contienda dejándome sola. ¿Dónde está el amor? ¿Dónde está el gran cariño que siempre dijiste tener por nuestros hijos y por mí? —le dije aquella tarde, completamente indignada ante la postura que mi marido había tomado.

Desde ese momento la separación fue inmediata. Me fui con Antonio Jesús y dejé a mi marido. Mi hijo estaba tan deteriorado por las drogas que necesitaba cuidados y que alguien estuviera para él en todo momento. Yo esto lo tenía claro desde el inicio. La adicción es algo terrorífico. En adelante no me ocuparía de nada más sino de mi hijo.

Luego de la separación mi marido se quedó con la mayor parte de nuestro patrimonio económico. En este aspecto fue bastante hábil. En cualquier caso, yo no estaba pensando en estos detalles en ese momento, yo tenía mis prioridades muy claras.

Mi marido y yo no volvimos a tener contacto desde aquel día en que discutimos sobre la salud y el bienestar de nuestro hijo. La verdad es que fue una separación bastante traumática en muchos aspectos. Creo que mis hijos no estaban preparados ni educados para enfrentar la separación definitiva de sus padres. Esto, en pocas palabras, fue la destrucción de nuestra familia tal y como la conocíamos. Todavía el día de hoy me lamento pensando que quizás no supe proceder racionalmente en aquel momento. Seguramente había otras opciones que no supe ver y entender. Tampoco estaba preparada para el mal del mundo y las espinas de la vida.

Mi esposo murió solo y abandonado solamente cinco años después de nuestra separación a causa de un derrame cerebral. Todos lamentamos inmensamente su muerte. Puedo asegurar que le he sido fiel a mi marido incluso después de marcharse; jamás he tenido nada que ver con ningún otro hombre. Él fue el hombre de mi vida, mi compañero y el padre de mis hijos. Por estos motivos no dejo de lamentarme y no dejo de cuestionar si nuestra separación en aquel momento fue lo mejor que pudimos hacer. Yo, por supuesto, estaba pensando en mi hijo Antonio Jesús. Pero siempre me quedará la duda de no saber si otro camino hubiera sido más efectivo y positivo. Lo cierto es que desde la separación de mi marido mi vida se convirtió en un infierno. ¡Han pasado tantas cosas desde entonces!

El arte, la vocación, los conflictos

Las diferentes adversidades que encontré a lo largo de mi vida marcaron períodos de muchas dificultades. No fue nada sencillo para mí sobreponerme. Honestamente me demoré mucho tiempo en conseguir, no digamos, sanar completamente, pues, como he dicho en diferentes oportunidades, existen heridas que no nos dejarán nunca, pero sí aprender a vivir con los golpes de la vida. Por eso, una vez que me jubilé, tuve mucho más tiempo libre y pude retomar mis estudios. Me dediqué a pensar, descubrir, leer, escribir. Por supuesto, lo hice sin descuidar a mis familiares que me necesitaban. También hice varios viajes al extranjero: Francia, Inglaterra, Irlanda. Recorrí España de arriba abajo, por los cuatro puntos cardinales. Observé, medité, sentí los paisajes circundantes y concluí que absolutamente todo nuestro planeta es precioso.

Soy muy sensible y la florecilla más pequeña del bosque, diminuta, frágil, indiferente para la mayoría, asaeteada por el viento, dibujada por el sol, me entusiasma igual que la Catedral de Burgos, una catedral, no está de más decir, extraordinaria. Existen muchos templos preciosos en el mundo. He visitado bastantes a lo largo de los años, pero todavía tengo pendiente visitar el que tal vez sea más impactante: la Basílica de San Pedro, en la Ciudad del Vaticano. Espero poder visitar pronto Roma y la basílica, sobre todo para ver la Capilla Sixtina, obra cumbre e inmortal de Miguel Ángel. Pasear por la galería de la Capilla Sixtina será extraordinario para mí; la conozco bien gracias a fotografías y láminas, y desde muy joven quedé impactada por la armonía del conjunto, por el tamaño, la majestuosidad, los detalles, todo tan profundamente cuidado y bien logrado.

Mis estudios universitarios me permiten apreciar la obra con mayor amplitud. Sé que La creación de Adán, la más famosa de las imágenes de la bóveda, fue encargada por el papa Julio II al maestro florentino. Miguel Ángel trabajó sobre aquellos muros desnudos desde 1508 hasta 1512, diagramando, dibujando, pincelando, hasta crear esta obra de arte sin precedentes que cambiaría el curso del arte occidental.

El Renacimiento es quizá el período de la humanidad que más me maravilla. Durante el Renacimiento italiano, y no con demasiados años de diferencia, nacieron y crearon algunos de los más grandes genios de la historia de las artes plásticas. Miguel Ángel fue uno, pero cómo olvidar a Leonardo da Vinci, a Raffaello Sanzio o a Sandro Botticelli.

Da Vinci es el pintor que más he admirado durante toda mi vida, si bien pintó relativamente pocos cuadros (alrededor de veinte) y fue un hombre multifacético que se dedicó a innumerables cuestiones (arquitectura, ciencia, literatura, filosofía). Pero obras de Da Vinci como la Mona Lisa, La Última Cena y El Salvador del Mundo tienen un lugar privilegiado para mí.

Aunque no solamente he admirado los lienzos de los maestros florentinos. Cómo olvidar la faceta escultórica. Con Miguel Ángel, por ejemplo, es difícil determinar en qué arte se destacó más y cuál de sus obras es más imperecedera y conocida en el mundo entero: La creación de Adán, que corona el centro de la bóveda de la Capilla Sixtina, o El David, la monumental escultura en mármol blanco de Carrara en donde vemos a un David completamente desnudo, con la honda apoyada sobre el hombro izquierdo y con los ojos fijos quizás en su enemigo, en tensión, antes de la batalla legendaria.

Conozco bien la obra y el trabajo a los que dedicaron toda su vida estos dos grandes maestros: Leonardo da Vinci y Miguel Ángel. Y espero poder visitar pronto los templos que guardan sus obras.

En nuestro país existen museos donde se pueden admirar las grandes obras de pintores clásicos. Tenemos, por ejemplo, la pinacoteca del Museo del Prado, en Madrid. El Prado para mí es una verdadera joya. Entre los muros del museo descansan las obras de los más grandes pintores españoles (Diego Velázquez, Francisco de Goya, Francisco de Zurbarán, Bartolomé Esteban Murillo, El Greco), pintores que marcaron la historia del arte del país, especialmente durante el Siglo de Oro.

Estoy convencida de que el Siglo de Oro es el período de máximo esplendor de la cultura española, principalmente en las artes y las letras, un período que se extiende desde aproximadamente 1492 hasta 1681. Estos años abarcan tanto el Renacimiento del siglo XVI como el Barroco del siglo XVII. El Siglo de Oro, a mi entender, fue un período espléndido para la cultura española.

He cambiado mucho a lo largo de los años. Los golpes que me ha dado la vida en ocasiones me han hecho irreconocible incluso para mí misma. Hoy en día mis prioridades y diversiones son realmente escasas.

No obstante, he vuelto a sentirme interesada por la cultura, los avances científicos y tecnológicos, he denunciado la maldad y loado el bien existente dentro de nuestro perfecto planeta Tierra; además, he escrito sobre las injusticias y, principalmente, sobre las contiendas bélicas.

En este sentido, no dejo de hacerme las mismas preguntas una y otra vez. ¿Qué tienen en su cabeza los señores de la guerra? ¿No ven lo que ocasionan? ¿No tienen sentimientos? Me parece incomprensible que a esta altura de la civilización se derrochen tantos millones y millones en armamento y la industria bélica. Muchas de las armas de hoy, como si fuera poco, tienen un potencial destructivo capaz de hacer desaparecer al planeta. Parece que los gobernantes y mandamás del mundo no se dan cuenta del peligro. Un poco de calma no vendría mal; los países y sus ciudadanos estamos muy necesitados de comprensión. Parece mentira que el ser humano hace cinco siglos fuera capaz de crear las maravillosas obras de arte de las que hablé más arriba y, al mismo tiempo, un paisaje de desolación, tristeza y destrucción como el que deja tras de sí cada batalla y guerra que se desarrolla en nuestro planeta.

La valentía

Siempre he dicho que es necesario ser valiente para hacer frente a las adversidades que se presentan en la vida. Por más buena y tranquila que sea una vida, lo cierto es que siempre en un momento u otro surgirán dificultades. Estas pueden ser de cualquier índole y lo realmente importante ante estas situaciones es la actitud que tengamos para enfrentarlas. La verdad es que no todo el mundo es lo suficientemente valiente como para enfrentarse a las dificultades de la vida. Si soy completamente honesta, yo tampoco lo era. En realidad, creo que en muchos momentos de mi vida fui una cobarde. Para ser feliz y sentirme bien tenía que estar siempre acompañada. Cuanta más gente tenía a mi alrededor, mejor me encontraba. Era como si necesitara escuchar a las personas, dialogar con ellas, sentirme arropada por el barullo y por la presencia de otras personalidades. Siempre le he dado una importancia capital a las conversaciones; estoy convencida de que se puede aprender algo valioso de todas las personas. Sin embargo, el tiempo me ha hecho cambiar lenta e indefectiblemente. ¡Las espinas del camino hacen mucho daño!

Puedo asegurar que, con toda la carga de los años vividos a mis espaldas, hoy soy una persona distinta. Antes hablaba sin parar rodeada por las personas que quería, por familiares y amigos; ahora prefiero escuchar. En este momento de mi vida entiendo una gran cantidad de situaciones sobre las que antes no me detenía ni un segundo a meditar. Antes no reparaba en ellas. Por eso la escritura se convirtió para mí en una especie de liberación. Siento que tengo muchas cosas dentro que es necesario que comunique. Es tanto lo que llevo dentro que desborda mi alma y se traduce en estas líneas que escribo sin parar cada día. Escribir me causa un verdadero bienestar.

Pero, por supuesto, no siempre es fácil. Para cada acción que emprendemos es necesario cumplir con un proceso. No siempre es un camino de rosas. Y es importante, después de la caída, ponerse de pie. Creo que esto es realmente lo más importante: ser fuerte, resiliente, continuar sin desfallecer. Por supuesto, es más fácil decirlo que lograrlo y lo cierto es que no todo el mundo es capaz de conseguirlo.

En la vida existe el bien y el mal. No es necesario ahondar en esto. Todo el que ha estado atento conoce las dos caras de la medalla. Cuando una vida transcurre con normalidad, llena de felicidad y arropada por los seres queridos, es difícil ver la maldad en los otros. Pero sin embargo está ahí, agazapada, acechante. Mi infancia fue muy tranquila, feliz y segura, por eso fue tan difícil verme en ciertos momentos de mi vida completamente sola, recibiendo zarpazos muy serios, dolorosos, graves e injustos. La verdad es que, haciendo un ejercicio retrospectivo, no entiendo cómo logré sobreponerme a ciertas situaciones. No fue nada fácil.

Considero que parte de mi fuerza vital estriba en el ejemplo que mis padres nos dieron a mi hermano y a mí. Esto siempre me ayudó mucho. Mis padres, después de una contienda destructiva como la Guerra Civil, perdieron todos sus bienes económicos, la dignidad y la libertad. Pero con fortaleza y valentía supieron adaptarse a las circunstancias y continuaron trabajando en pro de España y, sobre todo, por el bien de su familia. A mi papá le dieron la medalla del trabajo. Mi mamá era especial en muchos sentidos; llegaba al corazón de todos; fue muy querida, una gran dama llena de bondad y sencillez. Mis padres estaban por encima de todo y supieron educarnos muy bien y darnos todo el amor del mundo.

Ahora, con los años transcurridos, me doy cuenta de que mi hermano fue bastante parecido a mi padre. Era una persona trabajadora, seria, formal y siempre idolatró a mi madre. Yo, en cambio, como ya fui adelantando más arriba, era excesivamente mimada y protegida y esto me hizo distinta, esto me convirtió en «la niña de los miedos». Por supuesto, durante mi infancia yo no podía anticipar lo que me iba a encontrar en el camino de la vida, una senda angosta en la que la angustia y la fatiga estuvieron presentes por largo tiempo.

No sabía cómo hacer frente a tanta desgracia. En mi casa no me enseñaron a conocer el mal con su forma y con su cara más amplia, ese mal que parece un agujero sin fondo, un abismo oscuro en donde personas malignas se recrean en el gusto de dañar a los semejantes. Durante mi infancia esa cara de la medalla, la maldad cruel y absoluta, estaba vedada; no podía verla, era incapaz de siquiera adivinar o intuir hasta qué punto pueden llegar en ciertas personas la bajeza y la perversidad. No me enseñaron a conocer el mal, pero, al mismo tiempo, por ser educada con unos principios y unos valores sólidos y duraderos, encontré una respuesta ante las adversidades e injusticias recibidas.

Entiendo perfectamente a las personas que, por una razón u otra, son víctimas de personas maliciosas y fracasan en su intento por salir adelante. No es sencillo sobreponerse a ciertas situaciones, sobre todo cuando parece que todo alrededor está creado para que no exista la justicia o, al menos, para que sea muy cuesta arriba llegar hasta ella. Recuerdo un relato de Kafka en donde un hombre espera a las puertas del juzgado durante toda su vida, afuera de la puerta hay un vigilante que una y otra vez le repite que «no es momento», «todavía no puedes entrar». Así pasan los años. Llega la vejez. Y esa puerta se mantiene siempre cerrada. Es terrible. Y lo cierto es que vivimos en un planeta rico, idílico, maravilloso, hermoso y con recursos para todos. Por esto pienso que es posible y hasta urgente lograr que los seres humanos dejen a un lado el ego, la envidia, la avaricia. Todo esto es irracional, pues aquí hay espacio y posibilidades para todos. La ignorancia y la insensatez del hombre, en pocas palabras, ponen en peligro a la humanidad y al planeta entero. Y este es nuestro hogar, el de todos.

Tercera parte

Las sustancias tóxicas

El inicio de los vertidos químicos

Como relaté más arriba, después de la muerte de Sergio quedé como propietaria del apartamento de Albacete en donde mi hijo vivía. A partir de ese momento dividí mi tiempo entre Madrid y Albacete, pasando largas temporadas en mi tierra natal.

A mediados del año 2003 empecé a notar un olor muy fuerte y extraño, además de un polvo indefinible que se esparcía por todo el apartamento, sobre las mesas, la biblioteca, las sillas, los muebles, la cocina, prácticamente en cada rincón. No sabía qué podía ser aquello y, alarmada, decidí llamar a la policía. Los agentes llegaron e inmediatamente les invité a entrar al piso. Eran dos policías jóvenes. Entraron e hicieron un recorrido de reconocimiento. No demoraron en notar el fuerte y extraño olor. También vieron que sobre las superficies estaba ese particular polvo pegajoso. Le pregunté a los agentes qué podía ser aquello.

—La verdad es que desconocemos la procedencia de este polvo, señora —me contestó el que parecía un poco mayor.

Estaban tan sorprendidos como yo.

El olor era tan fuerte que en ocasiones los policías necesitaban taparse la boca y las narices. Les expliqué que a causa del olor llevaba días sintiéndome mal (sufría náuseas, diarrea, dolor de cabeza, etc.), por eso había decidido llamarlos. También les expliqué que estaba convencida de que el olor provenía del piso situado justo encima del mío, el 3-E, de la calle Nueva, 35, de Albacete. Les dije que pensaba que en este piso se estaba llevando a cabo alguna actividad ilícita, pues no solamente era el olor y el polvo, sino que en innumerables ocasiones encendían una máquina que profería un ruido estruendoso y durante todo el día entraba y salía gente de aquel apartamento.

Los policías me recomendaron que los acompañara a la comisaría para denunciar los hechos formalmente. Seguí el consejo de los oficiales. Pero al llegar a la comisaria me notificaron que debía dirigirme al Juzgado de Guardia, pues sin una orden del juez no podían investigar los hechos. Ya desde ese momento empezaba a darme cuenta de lo intrincada y a veces absurda que es la burocracia en nuestro país.

Antes de ir al juzgado, decidí pedir un análisis independiente de las sustancias que aparecían por todos los rincones de mi piso a un laboratorio especializado. Me comuniqué con el Laboratorio Hidrolab S.L. para concretar el estudio de las sustancias. El laboratorio encontró diferentes químicos nocivos para la salud. Algunos de ellos verdaderamente alarmantes.

El laboratorio hizo un estudio analítico del polvo que aparecía sobre las superficies; la muestra la recogieron con lana de cuarzo. Luego de esto, el experto introdujo la lana de cuarzo dentro de un extracto de agua destilada, con lo que pudo calcular el pH de las sustancias y dejó las muestras preparadas para análisis posteriores.

Ya desde el inicio del informe, el experto de Hidrolab S.L. que recogió la muestra, reconoce que las manchas recogidas sobre la lana de cuarzo eran visibles y mostraban un color pardo amarillento. El resultado del pH arrojó que las sustancias que se encontraban en mi piso eran compuestos de acción alcalina de «moderada a fuerte». En el informe también notifican que este tipo de sustancias puede ocasionar efectos perjudiciales en la salud, como irritación en la piel, mucosas, etc. Pero también el respirar y exponerse durante largo tiempo en un ambiente donde están presentes estas sustancias puede ocasionar otros efectos secundarios como dolores de cabeza. Es decir, todas las dolencias y malestares que yo venía sintiendo.

Según el informe de Hidrolab S.L. (que adjunto en los Anexos de esta biografía), las sustancias correspondían a trazas de Trienil fosfato (TPP), Dimetil ftalato y a una fuerte presencia de cocaína. Más adelante, el laboratorio explica que el Trienil fosfato es utilizado en la industria del plástico como plastificante e ignífugo (retardante de las llamas). El Dimetil ftalato también se utiliza en la industria del plástico como componente de productos finales y como coadyuvante en repelente de insectos. ¿Cómo había llegado todo esto a mi domicilio en Albacete? ¿Cómo se había depositado sin pausa sobre cada mueble y rincón de mi piso?

El laboratorio entregó un extracto de la muestra obtenida a la policía, invitando a los agentes a investigar la procedencia del polvo y el olor, pues, según se lee en el informe de Hidrolab S.L., el laboratorio sospecha que este tipo de polvo y sustancias encontrados en mi domicilio se generan mediante actividades con compuestos alucinógenos.

La primera denuncia

El 20 de abril de 2004 hice la primera denuncia formal en el Juzgado de Instrucción 4 de Albacete. En el acta de denuncia verbal (cuya copia del documento adjunto como Anexo en esta biografía) expliqué que poco antes había ido a la Comisaría de Policía para denunciar los fuertes olores y el extraño polvo que aparecía en cada rincón de mi piso.

En la denuncia verbal también expliqué detalladamente todo lo sucedido, lo mismo que aquellos dos jóvenes policías, unos meses atrás, constataron al entrar a mi domicilio. Para ese momento llevaba más de un año sintiendo el malestar que generaba el olor: dolor de cabeza, molestias gástricas, irritación de las mucosas, etc. En muchas ocasiones tuve que ir a urgencias. En el juzgado expliqué que el malestar no lo había sentido solamente yo, sino también algunos de mis hijos cuando pasaban una temporada conmigo en el piso.

El análisis de Hidrolab S.L. que llevé al juzgado no hacía sino corroborar la gravedad de la situación. Yo estaba convencida de que todo aquel polvo y olor provenía del piso superior, el Ático-E. Pese a esto, el Juzgado omitió la parte del informe de Hidrolab S.L. en donde se decía que las sustancias encontradas se generan mediante actividades con compuestos alucinógenos. Y como si fuera poco, el Juzgado aseguró que estas afirmaciones eran presunciones mías. Por supuesto, todo eso era falso.

Desde la primera denuncia me di cuenta de la mala praxis del Juzgado. Esto quiero hacerlo notar. Quiero subrayarlo. Pues una y otra vez sucedió lo mismo. Siento necesario y hasta urgente que se note la indefensión en que los ciudadanos nos encontramos dentro de un supuesto Estado de Derecho que no actúa como tal.

El Juzgado ordenó visitar el domicilio superior al mío, para corroborar si en el Ático-E se estaba desarrollando alguna actividad ilícita o la emisión de sustancias nocivas. Pero al visitar el piso no encontraron nada. De hecho, en el informe dijeron que la vivienda es «de reciente construcción, con mobiliarios y enseres nuevos, muy limpia y en la que a simple vista se aprecia que residen personas totalmente normales».

Si esto es cierto, ¿por dónde entraba aquel polvo y olor a mi domicilio?

No conformes con lo anterior los propietarios del Ático-E me denunciaron por injurias ante el juez y declararon palabras más palabras menos que yo estaba mal de la cabeza. Dijeron textualmente: «A nuestro juicio esta persona debe sufrir algún tipo de desequilibrio». Aseguraron que tenía una fijación obsesiva con ellos, por lo que interpondrían una denuncia en mi contra. Por supuesto, nada era cierto. ¿Cómo podía estar inventado el olor y el polvo que aparecía por todo mi apartamento? ¿Cómo podía inventar el ruido estruendoso que salía del domicilio de los propietarios del Ático-E? Un ruido, está de más decir, que escuchaban todos los vecinos. ¿Cómo podía inventar el malestar físico que todo esto me causaba?

Para sustentar las suposiciones que tenían sobre mi supuesta falta de cordura, solicitaron a la Autoridad Judicial, a través de su abogado, una consulta con un facultativo especializado para determinar mis capacidades cognitivas.

Por supuesto, accedí a realizarlo; no tenía nada que temer ni que ocultar en este sentido. En realidad, las medidas más bien me parecían desesperadas y no hacían sino confirmarme que algo extraño sucedía en aquel apartamento.

El examen psiquiátrico concluyó lo obvio: «Dña. Purificación Navarro Plaza no presenta alteraciones en su estado de conciencia, atención, memoria, inteligencia, percepción, pensamiento ni afecto, por lo que no presenta síndrome psicopatológico alguno».

Sentía que de alguna manera todos trabajaban en contra mía. No comprendía por qué el juzgado no tomaba las claras evidencias, el informe de HidroLab S.L. y el testimonio de los policías. ¿Por qué el juicio se hacía tan lento, largo y burocrático?

¡Es una venganza personal!

De un sicario que está envuelto en acciones delictivas se puede esperar cualquier cosa, pero no de los garantes de la ley, de las personas que ocupan los puestos de poder y autoridad en los juzgados de nuestro país. Esto es inconcebible. Pero es precisamente lo que ha sucedido a lo largo del proceso judicial que he enfrentado.

El juicio sobre sustancias tóxicas que relaté más arriba ha durado más de veinte años y una y otra vez hemos caído en lo mismo. Relatar el juicio paso a paso sería infinito. Con los informes que adjunto al final de este libro y con lo que he narrado y narraré a continuación, será suficiente para desenmascarar a los delincuentes que habitan en el piso superior a mi apartamento.

Por mucho tiempo me pregunté cómo era posible que en un Estado de Derecho como el nuestro las denuncias y pruebas (como la de Hidrolab S.L.) cayeran en saco roto. Hice averiguaciones con otro laboratorio especializado (Biomaro-labs, con sede en Madrid) y también confirmaron los mismos resultados. Yo misma empecé a notar en mi salud los efectos secundarios que estos vertidos de sustancias tóxicas me causaban. Fui operada dos veces para implantarme extensores y tuve que llevar un régimen de consultas cardiológicas muy estricto y severo. Mis hijos, que me visitaban, también estaban sufriendo los efectos de los químicos. Encontraba restos extraños en mi taza de café por las mañanas, los veía flotar y sumergirse (anexo una fotografía en esta obra). Pero parecía que nada de esto lo notaba el juzgado. De hecho, en más de una ocasión sentí que los jueces encargados del caso (e incluso la policía, de quien sufrí en manos de un agente maltrato físico e insultos, también adjunto fotografía en donde se podrán ver los hematomas que me causó) estaban en contra mía.

Una y otra vez tuve que presentarme en el juzgado. Una y otra vez o desestimaban las pruebas o el juicio se alargaba sin un motivo real y claro. Pasaron los años, pero yo, en lugar de desfallecer, seguía con más fuerza que antes. Me di cuenta de que debía ser muy valiente para luchar contra toda la maldad con la que me había encontrado.

Es cierto que al principio no me sentía preparada para enfrentarme sola contra seres con unas mentes tan malvadas, crueles y salvajes.

Entre muchas otras cosas descubrí que, en el apartamento superior, se estaba desarrollando un comercio sexual: ¡era un prostíbulo! A cargo del prostíbulo estaban individuos españoles y extranjeros, principalmente de países sudamericanos. El poder de estos personajes parecía enorme. Y me di cuenta de que al enfrentarme a ellos decidieron desencadenar una venganza personal en mi contra. Iniciaron una trama con tal saña, odio y malignidad que hace temblar los cimientos más sólidos de la justicia española.

Yo, al no haber tenido nunca un contacto tan directo con el mal, tuve que aprender a hacerme fuerte y averiguar cómo y de dónde venía todo aquello. Mientras más descubría y averiguaba, más me asombraba. ¿Cómo iba a imaginar tanta maldad personificada en nuestra contra? Porque no solamente me vi afectada yo, toda la familia fue torturada en nuestro propio domicilio, vertiendo cada vez más y más sustancias tóxicas nocivas para la salud desde el piso de arriba.

Como decía, lo he ido denunciando reiteradamente, pero las autoridades han negado una y otra vez los graves hechos delictivos. Las autoridades tienen conocimiento de lo que sucede en profundidad, tienen los informes, poseen los hechos detallados, pero siempre favorecen a los sicarios que parecen determinados a acabar con nuestra familia y nuestros bienes. Roban, destruyen, vierten venenos prohibidos desde la Segunda Guerra Mundial (hechos comprobados por dos competentes laboratorios), pero los juzgados miran hacia otro lado.

Este Ático-E, apartamento que está encima de mi domicilio, es conocido en Albacete como el piso de los horrores. Todo el mundo parece saber y entender el problema, excepto las autoridades competentes. El piso de los criminales está bien preparado para las prácticas ilícitas: tienen agujeros en el pavimento con el fin de introducir las sustancias tóxicas, poseen cierta tecnología con la que pueden abrir las cerraduras de mi domicilio sin mayores problemas y parece que saben en todo momento en dónde estoy, qué hago y qué me propongo. Es aterrador.

Llegué a pensar que me matarían.

Por eso en 2023 escribí un texto que titulé "No quiero que me maten". En este explico las evidentes consecuencias que ocasiona que los delincuentes no paguen judicialmente por los crímenes cometidos. Este fue mi caso. Y los delincuentes, al ver la impunidad en la que actuaban, muchas veces redoblaron la maldad y el horror con un modus operandi bien establecido: allanamiento de morada, robo, destrucción y, por supuesto, vertido de sustancias tóxicas. Aquello desbordaba lo imaginable y por eso pensé que se proponían terminar conmigo.

Pero nada de esto parecía interesarles a los jueces encargados del caso. Las autoridades competentes una y otra vez prevaricaron en el caso sobre las sustancias nocivas para la salud. ¿Es que acaso no les interesaba que este tipo de sustancias pueden incluso llegar a causar la muerte? ¿Por qué no prestan atención a los gritos desesperados de un ciudadano que pide justicia? No es así como debe funcionar un estado de derecho. Comuniqué ordenadamente (como se verá en el anexo de este libro) denuncia tras denuncia, hecho tras hecho. Pero la respuesta siempre fue la misma: silencio o, en el mejor de los casos, negación de la realidad objetiva. Ahí estaban las pruebas, confirmadas por dos laboratorios. Ahí estaba el caso, engrosándose día a día con más y más hechos y denuncias. Pero nada cambiaba a vista de las autoridades. Hicieron caso omiso a las denuncias. Ignoraron la gravedad terrible de los actos. Me pareció bochornoso e indignante.

Desde la primera denuncia se produjo una indefensión total y absoluta. Las autoridades protegieron a los malvados delincuentes y nos castigaron a todos nosotros violentamente, poniéndonos cuantiosas multas y posteriormente cobrándolas de nuestra cuenta bancaria, algo ilegal que demuestra una vez más el gran abuso de poder que existe en nuestro país. Planearon una trama humillante, vejatoria, una sátira de enredos con una saña impropia de un sistema democrático.

Por este motivo no tuve más remedio que deducir que lo que se estaba desarrollando en mi contra no era una casualidad o simple incompetencia de las autoridades: era una venganza personal.

Al comienzo de la venganza fue tan inmenso el alud que se precipitó sobre nosotros (sin tener conocimiento de donde procedía) que nos dejó sin respuesta. No teníamos enemigos, éramos una familia feliz. Modestamente vivíamos felices y contentos, con mucho trabajo, es cierto, pero siempre siendo educados y agradables con todo nuestro entorno. Ahora, haciendo un ejercicio retrospectivo, entiendo que seguramente lo que dio lugar a la terrible e insólita venganza fue precisamente nuestro modo de vivir honrado, tranquilo y feliz. Nos envidiaban. Y la envidia es el deporte nacional de seres con mentes inmundas.

Cada miembro de la familia sufrió un tipo de ataque, un ataque pensado y personalizado a la medida. Todos estos, por supuesto, hechos delictivos monstruosos. Pero el más espectacular comenzó conmigo: intentaron «incapacitarme» siete veces. Una malvada jueza comenzó su constante prevaricación con desprecio, sadismo, odio y, posteriormente, todas las autoridades competentes la copiaron durante el largo e irracional litigio. Litigio en donde solamente una cosa es clara: la maldad y la crueldad han sido siempre su mayor y más notoria característica.

No salía de mi asombro. Todo estaba muy bien preparado, concebido para la destrucción de toda la familia. Desarrollaron conceptos ingeniosos para causar mal, procedimientos peligrosos, graves y perversos, todos ellos, por supuesto, delictivos. Aquello era como si toda una jauría de lobos hambrientos se hubiera puesto de acuerdo para destrozar nuestras vidas. No importaba el sitio o lugar donde nos halláramos. Era la crueldad personificada en la tierra. Todos los que participaron en la venganza me parecían seres indignos y monstruosos, sádicos que se mezclan entre los ciudadanos normales y corrientes para convertir el mundo en el reflejo de todo lo tenebroso que se pasea por sus mentes, sórdidos destructores de todo lo lícito, honesto y legal.

Sin embargo, esto no me detuvo y me llenó de más fuerzas para seguir luchando.

A lo largo del litigio he tenido que aprender mucho. Poco a poco fui dándome cuenta de por qué sucedían las cosas. Al comienzo no las entendía. Me sentía perdida, desorientada. A lo largo de todos estos años, lo que más me ha sorprendido es la actitud de las autoridades. La maldad de los criminales no era tan sorprendente, pues este es el motivo y el fin de los criminales. Pero es indignante que las autoridades, los jueces, las personas que deberían velar por la justicia, hagan exactamente todo lo contrario a sus funciones. Inferí que las personas que se ensañaban en nuestra contra debían tener cierto poder económico en España; era lógico, de lo contrario no hubieran podido hacer todo lo que hicieron: manipular, tergiversar, retrasar un juicio lleno de pruebas, hechos y evidencias por más de veinte años. También comprendí que estos malvados poseen la fuerza para ejecutar lo que le venga en gana, pasando ilegalmente sobre los Derechos Humanos, el Estado de Derecho e incluso anulando la Constitución Española en el más amplio sentido.

Cuando comprendí esto, perdí todo el respeto que tenía por las autoridades oficiales. No tuve más remedio después de conocer la insólita y grave trama que habían ideado, un plan de una maldad sin precedentes.

A lo largo de toda mi defensa del juicio di innumerables respuestas y testimonios a jueces, fiscales, Defensor del Pueblo, en pocas palabras, a todo el Sistema Judicial. Algunos de estos textos los adjunto en esta obra, no solamente como testimonio, sino como soporte que dan solidez y validez a los hechos que he denunciado. No obstante, siempre recibí una respuesta negativa por parte de las autoridades, ¡durante más de veinte años!

Hoy el juzgado quiere una conciliación para llegar al final del caso, pero yo no quiero ninguna conciliación, yo pido justicia. No puedo ceder a una conciliación luego de las maldades ocasionadas. Siento dolor. Quiero que tomen cartas en el asunto. Y que el mundo entero conozca el tipo de situaciones que están sucediendo en España.

Como decía más arriba, relatar paso por paso, año tras año y denuncia tras denuncia el largo juicio en el que me vi envuelta sería quizás un esfuerzo inútil y un desperdicio de tinta. En cualquier caso, los documentos originales que soportan todo aquello y lo que he descrito es suficiente para tener una visión clara de lo sucedido.

Pero algo más sí debo agregar.

Es cierto que España no pasa por el mejor momento de su joven democracia; tenemos una gran crispación política, la actualidad es preocupante y vergonzante, como también lo son, por supuesto, los principales dirigentes políticos del país. El «Tú más» se ha hecho famoso entre ellos y, más que un símbolo de la decadencia, parece una marca indeleble de los gobernantes. Los impuestos desbordan a la ciudadanía. Pero el comportamiento de algunos ciudadanos también es reprochable e insatisfactorio. Lo cierto es que el desconcierto e injusticias están a la orden del día; no hay acuerdos, se faltan el respeto en todos los ámbitos de la vida social y dentro de esta dinámica, en esta espiral de autodestrucción, no hay logros posibles.

La brecha económica entre los ciudadanos es cada vez mayor; el sentido del bien y del mal se ha perdido. Pero también los políticos han perdido el sentido de sus funciones. Como representantes del país que gobiernan, están obligados a dar una buena imagen y ejemplo, no a creerse superiores al otro. Deben procurar, a través del entendimiento, sentar las bases para corregir los graves defectos que ensombrecen y empobrecen las instituciones. Considero que todavía estamos a tiempo de hacerlo, pero si no lo hacemos, el desconcierto y desconfianza en los ciudadanos crecerá y crecerá hasta traer consecuencias inimaginables a la nación y al Estado.

El caso que nos ocupa, el que me tocó vivir, da testimonio del deterioro institucional. ¿Cómo es concebible, en un Estado de Derecho, prevaricar en delitos que atentan contra la vida de un ciudadano, una mujer de sesenta años cuando empezó el juicio y que ya pasó los ochenta? ¿Cómo consienten actos y hechos tan graves sobre toda una familia, torturas y maltratos, sumiendo a cada uno de ellos en la mayor destrucción, para luego proteger a los peores y más peligrosos delincuentes de la sociedad? ¿Cómo permiten, en definitiva, tal grado de indefensión e impunidad sin ofrecer una verdadera posibilidad de defensa?

Estos delincuentes fueron contra todos nosotros. Mis dos hijos más jóvenes son los más afectados por el vertido de las sustancias tóxicas. Y el abuso de poder es tan grande que sufrimos día a día las consecuencias. Mis hijos están condicionados por engaños y malas artes que han convertido nuestras vidas en una serie de circunstancias terribles y alarmantes. Tristemente luchamos contra ellos. Pero el acoso, la maldad y el odio que han sufrido mis hijos son tan inmensos que están destrozados económicamente y sentimentalmente. Por este motivo también decidí escribir mis memorias, para defender mi derecho a restituir el «Caso sobre sustancias tóxicas nocivas para la salud» desde la primera denuncia y reponer lo que se pueda en la destrucción producida durante el largo e ilegal litigio. El dolor y las enfermedades causadas por los delincuentes no los podremos olvidar jamás, pero seguiremos luchando, hasta conseguir que en nuestro Estado de Derecho este tipo de casos tan graves y peligrosos no sucedan más.

Cuarta Parte

Las luchas sociales

Pelear durante tanto tiempo en el «Caso sobre sustancias tóxicas nocivas para la salud» que describí en el capítulo anterior, me permitió hacerme fuerte ante las autoridades y las adversidades que una política corrupta impulsa y tomé una verdadera actitud de lucha y de reivindicación. No solamente en el caso que me tocó vivir, sino en los principales problemas que atañen actualmente a nuestra sociedad: el medio ambiente, el feminismo, la corrupción, en pocas palabras, el planeta Tierra y la especie humana en todas sus vertientes, variantes y búsquedas.

Por este motivo decidí, desde hace muchos años, escribir con cierta periodicidad en diferentes medios de comunicación para exponer y explicar mis puntos de vista sobre las situaciones que me preocupan en la actualidad.

En las siguientes páginas tocaré los principales puntos sobre los que me he ocupado y expondré las diferentes reflexiones que he hecho durante los últimos años sobre nuestra sociedad.

El camino de mi vida ha sido largo y, como he narrado, no exento de altibajos. Las etapas felices fueron muchas. Pero ahora siento que mi labor está desde mi pequeña trinchera de denuncia, con la palabra y desde la palabra.

Feminismo e igualdad

En diferentes ocasiones a lo largo de mi vida me han preguntado si me considero feminista. Mi respuesta siempre ha sido la misma: Si es necesario, sí, soy feminista. Esto no quiere decir en ningún caso que quiera ocupar el lugar del hombre. Está claro que somos diferentes y cada uno tiene un campo de acción, no digamos vedado para el otro sexo, pero sí en donde las experticias y capacidades pueden ser diferentes, sobre todo, por ejemplo, cuando ciertos trabajos implican la fuerza física. En estos casos es lógico que los hombres (que cuentan con una mayor fuerza natural) sean más efectivos para realizar las tareas. No quiere decir que las mujeres no puedan hacer esas tareas, tampoco que existan algunas mujeres que no sean capaces de igualar la fuerza de los hombres; hablo en términos generales.

No es difícil inferir y comprender, viendo los dones naturales de cada sexo, que uno sea más apto o esté más capacitado para ciertas tareas que el otro. Asimismo, la mujer posee unas cualidades que la capacitan mucho mejor para ciertas tareas que a los hombres. No es difícil comprenderlo. Los conceptos son claros. Los roles, en cambio, son distintos.

Es cierto que llevamos muchos siglos viviendo en una sociedad machista dominada por hombres en casi todos los ámbitos: culturales, sociales, académicos, científicos, políticos, etc. Esto, por supuesto, se nota en unos países mucho más claramente que en otros. Insisto en que sí, las mujeres y los hombres somos diferentes, pero repito que la diferencia estriba en los términos y áreas que expuse más arriba: el trabajo pesado. Cuando se trata de una labor de índole intelectual, material, espiritual, pienso que estamos dentro de las mismas posibilidades tanto las mujeres como los hombres.

Es imposible borrar siglos de dominación del hombre sobre todos los terrenos del conocimiento y la vida humana. Pretender esto es como querer borrar a la humanidad de la faz de la tierra. En sentido histórico, las mujeres, por supuesto, tenemos una desventaja. Son muchas menos las mujeres que a lo largo de los siglos descuellan. Pero repito que esto se debe a una cuestión de oportunidades negadas y no de capacidades. Pretender hoy en día nivelar la balanza para que las mujeres ocupen la mayoría de los puestos (muchas veces sin tener en cuenta las capacidades reales para ocupar esos puestos) es una práctica ingenua y artificial. Las mujeres lograrán mostrar sus capacidades por sí mismas, sin necesidad de recurrir a fórmulas obligatorias para destacar. La mujer es lo suficientemente valiosa y capaz como para pretender que sean los edictos políticos los que equiparen la balanza histórica. Igualdad de oportunidades. Esto es lo único necesario. El tiempo nivelará la balanza y finalmente nos desarrollaremos en igualdad de condiciones. Pero repito que es una ingenuidad creer que por el simple hecho de ser hombre o mujer se tiene un terreno ganado en algún ámbito específico. En ambos sexos se pueden encontrar las mismas peculiaridades y limitaciones, y dependerá de cada individuo, y al esfuerzo y trabajo que estén dispuestos a realizar, para destacar en algún ámbito.

Por eso hago una diferenciación muy clara en cuanto al feminismo se refiere. La lucha por la igualdad la entiendo perfectamente, pero rechazo la forma con la cual algunos colectivos de mujeres la pretenden reivindicar, muchas veces de una manera irrespetuosa, obtusa, limitada y violenta. Estoy convencida de que los hombres son una parte fundamental en el debate para lograr igualdad en los derechos y reivindicaciones. Negar la participación de los hombres en el debate de la igualdad es dar la razón moral al machismo, pues las feministas se convierten en lo que rechazan al negar la otra parte. Debemos tener en cuenta a los hombres. No podemos convertirnos en lo que los hombres fueron por siglos de opresión de género. Es ridículo pretenderlo y de una ingenuidad tremenda no notar que este tipo de acciones traen más problemas que soluciones. Es una cuestión de educación y respeto, pero también es una cuestión ética, racional y lógica.

Para dar un ejemplo práctico, Hacienda no discrimina entre hombres y mujeres; todos declaran y pagan lo mismo, sean hombres o mujeres. Cada uno paga lo que debe pagar dependiendo de su cuantía, no de su sexo. Todos somos iguales, esto es lo que reza la Constitución española, lo mismo que la mayoría de las Constituciones de los países civilizados.

Me hace gracia ver que en muchas ocasiones parece que la institución pone a mujeres en ciertos espacios por su sexo y no por sus cualificaciones. En premios de diferente índole es llamativo. Es como si la institucionalidad mirara antes los sexos y luego las capacidades, el valor, el trabajo o la obra de esa persona. Este simplismo no hace ningún bien, pues, como decía, es algo artificial que, a la larga, cuando cada cosa esté en el lugar que realmente se merece, por su valor y no por su sexo, dejará en ridículo a esos que pretendieron llenar espacios por un género.

Cambio climático

No deja de ser cierto que los ciudadanos estamos todos un poco revueltos y que la rapidez con la que nos obligan a vivir hoy en día impide que las personas se paren a meditar someramente sobre lo que revindican o gritan en las calles. La sociedad muchas veces parece obedecer a unos impulsos orgánicos que no tienen nada que ver con el intelecto. Se puede entender este ambiente de crispación y nerviosismo; motivos no faltan: guerra, migración, corrupción política.

Una de las cuestiones que más me preocupa en la actualidad es el cambio climático que se está desarrollando a pasos agigantados en nuestro planeta, nuestro hogar. Hay una gran devastación. Es cierto que en algunos lugares se ha puesto a la ciencia y a la tecnología al servicio del ambiente para tratar de comprender y de mitigar el daño que se está produciendo, pero nada de esto, francamente, me parece suficiente.

La emergencia climática tiene muchas heridas abiertas como para solucionarlas con acciones limitadas. El cambio tiene que ser global, total, generacional. Es necesario, para salir de este problema de magnitudes todavía incalculables, que colaboremos y nos impliquemos todos los habitantes de nuestro planeta. Pero para lograr un cambio sustancial, antes tendremos que cambiar cada uno de nosotros individualmente; tendremos que darnos cuenta, cada uno a su tiempo y por sus propios medios, de que es necesario cambiar para que nuestra especie siga subsistiendo sobre el planeta Tierra. Debemos quitarnos la venda de los ojos y mirar la realidad del mundo exterior. Menos egoísmo, más humanidad.

Llegará un momento en que esto será imprescindible. ¿Pero todavía estaremos a tiempo? ¿El cambio climático, en ese punto, será todavía reversible? Debemos entender rápidamente que el respeto y el cuidado a nuestro planeta están en primer lugar, pues, sin planeta, parece tonto decirlo (pero creo que hay personas que no lo han entendido), sin planeta no hay ninguna otra lucha, ninguna otra posibilidad, ninguna otra belleza o riqueza o amor.

Nos debemos al planeta. A nuestra casa. Tomar conciencia de esto es fundamental para nuestro hogar, para nuestro bienestar, para nuestra salud, nuestro futuro y nuestra paz… ¡Paz! Bonita palabra… Pero creo que de momento es imposible; la paz sigue muy lejos todavía.

Las guerras

¿Cómo podemos contemplar la devastación ocasionada por las guerras sin inmutarnos? Sí, ya sé que las guerras han existido siempre, que es una de las tantas formas devastadoras de la incomprensión humana, del desamor, de la intranquilidad, de la ignorancia; una de las maneras más terribles de ocupar nuevos terrenos o generar riquezas en el ámbito macroeconómico. Todo esto lo sé. Pero también sé que la humanidad ha evolucionado sin pausa en su moral, en su ética, en su espiritualidad y en su búsqueda de bienestar. En este sentido, estoy convencida de que, por más que las guerras hayan existido siempre a lo largo de la historia de la humanidad, no tienen por qué seguir existiendo o, al menos, debemos darnos la posibilidad o la duda de considerar que el futuro humano puede ser un futuro sin sangrientos frentes de guerra abiertos. Elijo creer en esta posibilidad, quizás pecando de utópica.

La raza humana ha dado pasos gigantescos a lo largo de los siglos. El conocimiento, la sabiduría, el progreso en la ciencia y la tecnología, todo esto, hoy, nos permite comprender el mundo y la realidad de una manera que era impensada hace solo dos siglos. También podemos creer, en consecuencia, que toda esta verdad y realidad que el hombre ha logrado descubrir y abarcar nos permita comprender la manera de vivir en paz y sin guerras. Podemos creer que seremos capaces de razonar correctamente para reconocer sin alteraciones absurdas el bien y el mal, el buen y el mal camino, lo que puede llegar a ser mejor para las mayorías y minorías y lo que no. Este es un trabajo de introspección, de conocimiento y de evolución.

¿Qué sentido tiene en pleno siglo XXI una guerra? ¿Por qué convertir una ciudad en un campo de batalla? Una trinchera es un retroceso para la humanidad. Todos somos ciudadanos del mismo planeta. Tenemos diferentes creencias, diferentes estilos de vida, incluso diferentes dioses o maneras de entender el mundo; pero nada de esto justifica ninguna matanza. Debemos ver a las personas individualmente, cada uno con sus sueños, anhelos y frustraciones. La humanidad y la sociedad de un país u otro no deben ser una abstracción; esto es lo que quieren los políticos, crear abstracciones para que veamos a los ciudadanos de cierta región de una manera particular, para luego, cuando el trabajo del engaño ya esté hecho, justificar la guerra. Todos somos humanos, repito, y por más que existan muchas diferencias, habitamos el mismo planeta y debemos aprender a convivir en paz.

Me asombra y duele mucho contemplar a civiles de cualquier parte del mundo, y de todas las edades, muertos sobre un campo de batalla, una batalla evitable de una guerra evitable. Ciudades destruidas, gente gritando de desesperación por haber perdido todo lo que conoce tras un bombardeo. ¿Cómo es posible que existan personas indiferentes a todo este dolor y destrucción? Todavía hoy en día, con todas las herramientas de comunicación modernas, hoy que es posible saber casi en tiempo real lo que sucede en cualquier parte del mundo, hay personas que se muestran con una indolencia e indiferencia terribles ante estos sucesos.

A veces es muy difícil entender el mundo en el que vivimos. Entre nosotros hay muy poca solidaridad. Estamos todos tan sumergidos dentro de nuestros propios problemas que muchas veces somos incapaces de ver al otro, a nuestro hermano, a nuestro semejante, y entender qué está sucediendo en su entorno y en su realidad. Muchas veces piden ayuda desesperadamente, pero el mundo contemporáneo, este mundo moderno, parece ver hacia otro lado, igual a como los ciudadanos, entretenidos en naderías y pequeñeces, miran hacia otro lado.

Todos conocemos el espanto de las guerras y sus devastadoras consecuencias. Por supuesto, entiendo que muchas veces son los grandes poderes económicos los que están detrás del telón del escenario de destrucción y muerte. También entiendo que el poder y la riqueza son los que dominan y dirigen el mundo. No obstante, mi elección es creer que es posible, quizás no hoy, quizás no mañana, pero sí creer que es posible que exista un mundo sin guerras y en completa armonía y paz.

La política y los políticos contemporáneos

Dicen que el poder corrompe. Hay que tener cuidado a quién se le da el poder para dirigir a una nación. Un individuo con una responsabilidad tan grande como esta debe respetar los valores humanos y desempeñar un trabajo a la altura, con precisión, con cautela, con severidad y, si es necesario, con decisión, pero siempre teniendo en cuenta a la mayoría (que le dio el cargo) y a la minoría (que espera, vigilante, en la oposición política). Hoy, honestamente, me parece vergonzoso el clima político que existe en nuestro país. La verdad es que nuestros políticos han dejado mucho que desear desde hace demasiados años.

Para ser completamente franca, yo no ejerzo mi derecho al voto desde hace mucho tiempo. Sí, sé que esto no está bien. Soy consciente de la lucha histórica que mantuvieron nuestros congéneres para lograr que todos tuviéramos el mismo derecho a elegir a nuestros representantes del más alto nivel. Yo viví la dictadura y lo comprendo. Por eso me entristece no ejercer mi derecho al voto. Pero ¿a quién votar? Desde mi punto de vista, no hay por quién votar. No apruebo a ningún político de los que hoy hacen campañas y proponen ficticias y mágicas soluciones. El clima político actual es lamentable. No me gusta el enfrentamiento y las riñas en las que se enredan todos estos políticos de derechas e izquierdas un día sí y otro también. España es una gran nación y no se merece a esta clase de representantes. Es un peligro que a la cabeza de nuestros diferentes gobiernos estén estos personajes. Los ciudadanos demandamos seriedad, respeto y avances reales en los diferentes ámbitos de la sociedad.

La verdad es que hay gente muy bien preparada. Profesionales altamente cualificados en ciencia, tecnología, investigación, etc., pero la clase política está muy lejos de todo esto.

Nunca me cansaré de pedir a los señores políticos que construyan en lugar de destruir, que se unan en lugar de desunirse, pues lo que está en juego aquí no son los egos y carreras personalistas de cada uno de ellos, sino el bienestar de toda una nación.

Es competencia de todos reparar el daño ocasionado. Si es necesario un cambio de vida, habrá que hacerlo. Los océanos, la mar, sufren una contaminación tan grande que hemos puesto en peligro su natural belleza y la vida marina. El mar no solamente es fuente de alimento para la población mundial, también es fundamental para el ecosistema de nuestro planeta. Debemos tomar conciencia de ello. No basta con el movimiento de unos pocos; sus esfuerzos son titánicos pero insuficientes, deben implicarse seriamente los que deciden y manejan con su poder la población mundial, deben ser ellos los primeros en reaccionar.

La violencia, las injusticias, el abuso de poder, todo esto siempre ha existido, pero en el último siglo el planeta ha sufrido más que en todos los siglos anteriores.

No lo estamos haciendo bien. El hábitat de muchos animales se ha destruido y con ello su extinción es cuestión de tiempo. Hay una larga lista de especies en peligro. El ecosistema no se puede alterar; somos una cadena. Y si quitamos eslabones de la cadena, se rompe el equilibrio y fallan los cimientos que sostienen la vida, incluidos los seres humanos.

Debemos pensar seriamente en cómo resolver el deterioro evidente que sufre la mar. El clima ha cambiado totalmente. Los montes se queman. El mar se enfurece. Pueblos enteros desaparecen por las alteradas fuerzas naturales. No podemos quedarnos parados como si no pasara nada.

Soy consciente de que, sin darnos cuenta, nos hemos complicado mucho la existencia. Solemos acumular cosas superfluas (quien puede, claro, también existe una parte de la sociedad en situación de extrema pobreza). Producimos ingentes cantidades de basura que se expanden por los lugares menos indicados. Pero los más perjudicados son los mares y los océanos. Sus profundidades están inundadas de toda clase de desperdicios. Esto ha ocasionado daños irreparables, perjudicando con ello a todo el planeta.

Este es nuestro hogar y mantenerlo limpio es misión de todos.

A los mandatarios del mundo

Inicio ofreciendo mis respetos con humildad, pero también con la conciencia de ser una ciudadana del mundo. Saludo a los gobernantes mundiales que desde su posición y competencia deciden el arduo cometido de dirigir los acontecimientos mundiales. Entiendo que este es un trabajo comprometido y difícil que los hace responsables de cada una de sus decisiones. Deseo el bienestar para todos ellos. Y espero que sean capaces de mejorar al mundo y a sus habitantes. Estoy convencida de que a través del diálogo se puede llegar al respeto, amor, comprensión y entendimiento entre todos nosotros.

Todos formamos parte de un todo. No debemos olvidarlo. Este es nuestro planeta. La diversidad en la que vivimos es enorme. Cada rincón del mundo es un paraíso, con sus costumbres, creencias, tradiciones y sus maneras de vida. Nuestro planeta, sobre todas las cosas, es generoso, inmensamente generoso. Ofrece las condiciones óptimas para cubrir perfectamente nuestras necesidades. Y gracias a esto podemos tener palacios, viviendas, estructuras y adelantos de toda índole. Es decir, nuestro planeta también nos entrega las riquezas.

Pero nada de esto se hizo a la ligera, fue un lento proceso que tomó millones de años. Todo lo conocido se formó de polvo y rocas. Luego vinieron los elementos químicos y el sistema físico y biológico, es decir, todo lo necesario para la vida. El planeta nos ofrece aire, agua, alimento, un ambiente seguro, un clima y condiciones que permiten el crecimiento y la vida de plantas, animales y personas. Su suelo es un recurso vital que sostiene cultivos y alberga microorganismos. Nuestro planeta es sinónimo de bondad. Es, en una palabra, la perfección.

Sin embargo, en este contexto de perfección todavía nos falta la paz. Paz: suena como una palabra mágica. Una palabra que hoy es inexistente. Pero esto no es nada nuevo. Desde que el ser humano tiene memoria, la guerra ha estado presente. Es algo de lo que no nos podemos enorgullecer.

Innovación y aprendizaje han sido siempre una constante en el humano. Gracias a ello, la humanidad ha mejorado y evolucionado correctamente. Siempre he admirado los avances producidos a lo largo de la historia. Los positivos, por supuesto. Los destructivos no los he entendido jamás. Guerra, destrucción, sufrimiento, dolor. Todo esto tiene un origen común: egoísmo, poder y ambición. Y esto no trae sino desolación y tristeza.

No comprendo cómo en pleno siglo XXI sigue habiendo guerras. Actos deplorables en un planeta venerable. Deberíamos enfocarnos en el amor. Y en todas las cosas hermosas que nos da el planeta. Su belleza sin igual que nos permite vivir en un entorno idílico. No hay razón para maltratarlo, y sí muchas razones para cuidarlo, mimarlo y sobre todo amarlo.

Debemos poner un poco de sentido común. A mí me gusta observar y disfrutar la belleza del planeta. Al hacerlo, llego a la conclusión de su variedad y riqueza. Es igual en todas partes, pero siempre guarda pequeñas diferencias.

Nosotros somos parte de este planeta y desde mi humildad me gustaría hacer llegar una reflexión a los señores que, por su importancia, toman decisiones en el mundo. Lo expreso con respeto. Comprendo que gobernar no es nada fácil, pero ante tanto malestar en los ciudadanos, los avisos que nos está dando el planeta y el espanto de las guerras, siento que es necesario levantar la voz y tratar, así sea desde esta pequeña trinchera, de expresar mis preocupaciones.

Entiendo que la extracción de recursos son negocios. Pero esto ha traído aspectos terribles: el egoísmo, el odio y la destrucción. Siempre me he preguntado: ¿por qué se fabrica armamento bélico en el mundo? ¿Es que acaso nos atacan desde otro planeta? Es lo único que lo justificaría, y de momento no parece ser así.

No somos iguales en los cinco continentes, estamos llenos de matices y costumbres distintas. Todas son respetables. Y, lo más importante, todos los ciudadanos del mundo somos parte del mismo planeta. Es decir, somos una familia. Por eso es tan importante salvaguardar los elementos que protejan nuestra estancia en la tierra.

Debemos ser razonables, respetarnos y dialogar. Dirigir los destinos del mundo con prudencia y sabiduría.

Actualmente las guerras tienen consecuencias atroces; el armamento bélico desgarra y destruye mucho más que en todos los siglos anteriores. Pero todavía tenemos el dominio de la palabra; por eso el diálogo es fundamental.

Digo a los mandatarios: son personas inteligentes, están preparados para llevar a cabo el bienestar de todo el planeta. Sí, ustedes, los llamados al buen funcionamiento del planeta Tierra, piensen en la importancia de las decisiones que toman y cómo afectan a la humanidad.

Nos necesitamos todos. Reconozco que tal y como estamos no es nada fácil. Estamos muy enfadados. La situación no nos beneficia. El planeta ha cumplido su función. Ahora nos toca a nosotros. Eso no quiere decir que vayamos a ser todos ejemplares, no nos confundamos. Las bases residen en la humanidad, el respeto, la educación, la dignidad y la justicia. Somos personas libres, pero responsables de nuestros actos.

La Carta de los Derechos Humanos no es un documento legalmente vinculante por sí mismo, pero establece los derechos humanos fundamentales que deben protegerse en todo el mundo y ha servido como base para tratados internacionales posteriores. Ante la violencia del mundo tenemos que trabajar para mejorarlo. Y nada ni nadie pueden hacerlo mejor que las personas que están al frente de los países.

A todos los mandatarios del mundo dirijo mi humilde carta, con mis mejores deseos, admiración y respeto.

Espero que puedan orientar a la humanidad hacia el mejor camino; lo digo alzando mi bandera blanca de unidad e igualdad, consciente de formar una parte pequeñísima de un todo: nuestro hermoso planeta.

Quinta parte

Sustancias tóxicas y falta de justicia

Muchas veces he pensado que debo irme de España y continuar el «Caso sobre sustancias tóxicas nocivas para la salud» desde otro país. Muchas veces pensé en escribir este libro en donde expondría todo lo sucedido. Y aquí estoy, denunciando a seres repulsivos e injustos, que actuaron impulsados por la envidia, denunciando la sinrazón de autoridades malversadoras que hacen su trabajo prevaricando todo el mal y la destrucción posibles.

No creo que en ningún país democrático suceda este tipo de casos. Es peor que una guerra. Un plan maquiavélico para torturar hasta la muerte. ¡Cómo es posible que haya aguantado tanto! Preocupada por mis hijos, me olvidé de mí. Ya no me importan la saña, el odio, la maldad de los salvajes delincuentes y de los jueces/as y fiscales. Pero, honestamente, por momentos es demasiado grave como para poder seguir soportándolo. ¡Basta ya, no puedo más!

El pueblo español es maravilloso, pero la cizaña de los políticos lo está destruyendo. Los políticos no se ocupan de los ciudadanos. Parece que ocuparán todos sus días en las peleíllas que tienen entre ellos. Parece que su único objetivo fuera crear un ambiente enrarecido. Las instituciones están abandonadas. Un escándalo sucede a otro escándalo. Es evidente que a los políticos no les interesan los ciudadanos. Sin embargo, nosotros tenemos obligaciones. Podrán olvidarnos los políticos, pero

Hacienda no nos olvida. Ya no tenemos derechos, ningún derecho. Y las protestas o recursos que se hacen no sirven para nada.

Yo he sido una víctima del sistema judicial. Fui denunciada por una prostituta que trafica y vende drogas. He denunciado con pruebas, con informes, detalle a detalle. Y únicamente he recibido el silencio oficial. A veces me pregunto cómo he podido aguantar un litigio tan largo y escabroso. Estoy cansada, muy cansada y sumamente enferma a consecuencia de los vertidos tóxicos que calan dentro de mi propiedad. Lo he denunciado innumerables veces. Y lo seguiré haciendo. Por más que sepa que en España no hay ley ni justicia.

¡Este libro es mi grito! ¡Esta es mi denuncia!

Recapitulación

La narración y exposición de los acontecimientos pasados suelen ser una liberación. Según se van recordando, una vez superados los amargos momentos, sientes la fuerza de la vida que te empuja a continuar por el sendero que, echando la vista atrás, sabes que no vas a volver a pisar.

Momentos felices, recuerdos maravillosos.

Mamá decía que todo me gustaba y todo me parecía bien. Tenía razón, cuando eres feliz, todo se ve bien. Tenía una alegría contagiosa. Una familia feliz. Tíos maravillosos, todos muy unidos. Una abuela materna ejemplar, guapa, inteligente, bondadosa; enviudó muy joven, pero tuvo la fuerza y determinación de enseñar a sus diez hijos (era de profesión maestra) para hacer de ellos personas íntegras y respetables, trabajadoras y nobles. Quiso muchísimo a sus treinta y seis nietos, a casa venía mucho y para mí siempre fue una gran alegría. Mi padre también los quiso mucho a todos, sobre todo a mi abuela, por quien sentía gran admiración. Fueron muy unidos. Quizás porque mi papá solo tenía dos hermanas que vivían muy lejos y a las que veía únicamente una vez al año.

Pero pasó la etapa feliz, se complicaron las cosas. ¡Y de qué manera! Tardé mucho en reaccionar ante la maldad, incomprensión y violencia de gente sin alma. Tomé decisiones equivocadas que empeoraron mi vida y la de mis hijos, pero de los errores se aprende también mucho. No obstante, lo que se hace, el pasado, tiene mucha fuerza; lamentablemente no se puede volver. Por eso, para seguir en la vida, es necesario reunir muchos condicionantes que no siempre se tienen. Al principio la lucha fue muy dura; seguir viviendo era un trabajo arduo, la muerte de mi querido hijo Sergio fue descorazonadora. No se puede explicar con palabras, pero poco a poco me fui convenciendo de que debía aceptarlo y aprender a vivir con ello. Como dijo mi querida nieta Esther: «¿A mí no me quieres?». Aquel día pronunció las palabras exactas para volver a la vida. Claro que de otra manera, de una manera muy distinta. La muerte de Sergio marcó un antes y un después en mi vida.

Nada ha seguido igual. No soy la misma. Todo cambia: ideas, pensamientos, razones para continuar. Me ayudó tener a mis hijos y nietos, la fe en Dios, mi admiración por la naturaleza, la grandiosidad del planeta, la belleza que existe en cada forma de nuestro mundo generoso y exacto. Nuestro planeta es una obra perfecta.

Considero que me ha quedado la esencia de lo que considero importante, mis raíces y valores humanos. Doy importancia al momento y esto ayuda a cicatrizar heridas. Por supuesto, todo esto sin la jovial alegría de otros tiempos. Ahora soy más reflexiva y callada, abochornada por el embrollo descomunal existente en cada rincón del mundo.

Pero algunas cosas me debo reconocer. A veces me quedo admirada de haber sido capaz de superar (al menos parcialmente) ciertas situaciones para continuar en otra etapa de la vida. No ha sido fácil. Comprendo y entiendo a las personas que interrumpen su camino. Es lamentable. Pero todos los días amanece en el mundo, sin falta, y hay que buscar la manera de ver el arcoíris y su gran opción de colores. Siempre queda algo por hacer, participar, intervenir, arreglar, gestos amables que pueden conseguir una sonrisa.

Después de la tormenta llega la calma. En la vida pueden presentarse cruces, algunas muy dolorosas (he tenido unas cuantas), y en esos momentos crees que se termina el mundo para ti. No es cierto, con tristeza y en silencio pasan los días. Las fuerzas te abandonan, pero hay que seguir; a pesar de todo, continúas en el mundo y él te exige que vuelvas a retomar el camino. No puedes quedarte quieto, tienes que entrar en el túnel y ver la luz que te indicará cómo seguir adelante. Distinta, cambiada, serena, con más experiencia, aprendiendo. La vida es la clase perfecta para aprender y Jesucristo es su mejor Maestro.

La esperanza es algo importante y es posible lograr cosas con ella. Pero es necesario que pongamos interés y buena voluntad. La mayoría de los errores que cometemos suelen ser por ignorancia o por no tener clara la conducta a seguir. Hay decisiones que son muy importantes y, si te equivocas, puedes hacer mucho daño. Los hechos tienen mucha fuerza, si son negativos, debes aprender a vivir con ellos. Es duro, por supuesto, pero es bueno recordar la frase: «Lo único imposible es aquello que no intentas». Es una frase que, cuando la leí, me gustó mucho. La recomiendo a todas las personas a quienes la vida pone a prueba. Momentos duros y difíciles los tenemos todos, unos más que otros, pero pasarlos y seguir adelante es otra historia.

Pese a los problemas existentes, suelo tener una vida agradable. Tengo un hijo soltero que vive conmigo cuando no viaja. Estamos los dos encantados. Somos muy independientes, pero tenemos muchas cosas en común. Nos llevamos bastante bien; somos muy sinceros y hay gran armonía entre nosotros. Honestamente es de agradecer tener una compañía a mi edad. Tampoco me importa quedarme sola. La verdad es que estoy siempre muy ocupada, tengo muchos hobbies: leer, escribir, ver reportajes y concursos culturales en TV, caminar, de vez en cuando comer con mis amigas, jugar a las cartas. Tengo muchas amigas y las quiero mucho a todas. La familia me tiene ocupada también; es lo más importante en mi vida, y aporto con toda mi atención y dedicación lo que requieren siempre. También es cierto que no paro, viajo bastante, en tren, autobús, o con mi familia en coche. Me encanta viajar y no temo para nada viajar a mi edad. Hago lo que quiero y pienso, siempre que pueda. Los años no son ningún impedimento para continuar el camino con toda normalidad; es la sociedad la que pone barreras a las personas mayores, sin tener en cuenta nuestra experiencia, cariño y entrega a los demás.

Procuro resolver mis problemas (ya saben, lo único imposible es aquello que no se intenta) sin que me afecten de una manera que me impida llevar una vida adecuada con todos los alicientes que pueda encontrar en ella.

Esta ha sido la historia de buena parte de mi vida. He pasado momentos difíciles, también otros muy felices. Pero una última cosa quiero decir: ¡La vida continúa, aceptemos sus flores y espinas hasta el final, siempre elogiando a Dios!

Documentos, pruebas y denuncias

JUZGADO DE INSTRUCCIÓN N° 4   D. PREVIAS 586/04

ALBACETE   (Se remitieron al Decano

el 27·4-04).

·al 1, n° orden 29

ACTA DE DENUNCIA VERBAL   3·5·

En Albacete, a veinte de abril de 2004. Ante de mi, el/la Secretario del Juzgado de Instrucción numero 4 de esta Ciudad comparece:
D/Dª. PURIFICACION NAVARRO PLAZA
D.N.I. n° 19419110
Nacido en MOTILLA DEL PALANCAR (CUENCA)
Hijo de TERENCIO Y MARIA PAZ
Con domicilio en C/Nueva n. 35, 2ºB. ALBACETE
Telefono numero 636259891 Y 967663275

Quien bajo juramento o promesa de decir la verdad, DICE:
Que se ha personado en Comisaría de Policía para denunciar los hechos y allí le han comunicado que fuera a denunciar al Juzgado de Guardia, ya que necesitan autorización del Juez para investigar. Que desea poner en conocimiento que en su domicilio de C/Nueva n. 35, 2ºB de esta capital, en el que reside habitualmente, viene sintiendo desde hace un tiempo, sobre un año, molestias tales como dolor de cabeza, irritación de las mucosas, molestias gástricas etc, de la compareciente y su familia, por lo que se ha decidido a pedir un informe a Laboratorio Hidrolab, S.L., en el que se concluye que analizado el ambiente se ha encontrado una sustancia que puede provocar dichos efectos secundarios.
Que piensa que sus vecinos del piso Atico-E, siendo uno de ellos ███████████, realizan actividades en dicha vivienda, y que a consecuencia se genera un polvo que es el que se filtra en el ambiente de su domicilio y es tan perjudicial. Que también suele haber mucho trasiego de gente subiendo y bajando a dicho domicilio.

En este acto aporta copia de informe de laboratorio, así como relación de propietarios de viviendas, estando subrayado en rojo el propietario de Atico-E ██████████████

119

Pol. Ind. Campollano c/ C n° 10
Teléfono 967 - 22 41 33
Fax 967 - 22 20 61
02007 Albacete
ESPAÑA (SPAIN)
CIF/VAT: ES B-02060531

hidrolab@telefonica.net

HIDROLAB, S.L.

4

PURIFICACIÓN NAVARRO PLAZA
C/ NUEVA, N° 35, 2° B
02002 ALBACETE

INFORME N° 04141	Fecha: 14/04/04	Pág. 1 de 3

ESTUDIO ANALÍTICO DE POLVO DE SUPERFICIES

REFERENCIA	346/04/OS
FECHA DEL MUESTREO	05/04/04
ENCARGADO DEL MUESTREO	El interesado
FECHA DE RECEPCIÓN	05/04/04
CONTENEDOR	Lana de cuarzo en bote de plástico de 100 ml
CANTIDAD DE MUESTRA	2 g de lana de cuarzo
COMIENZO DE LOS ENSAYOS	05/04/04
FINALIZACIÓN DE LOS ENSAYOS	05/04/04
IDENTIFICACIÓN	
POLVO EN SUPERFICIES DOMÉSTICAS RECOGIDO SOBRE LANA DE CUARZO.	

COMENTARIOS:

Se ha preparado un extracto en agua destilada (unos 20 ml) de los restos de polvo ambiente atrapados en lana de cuarzo restregada por el interesado en superficies del mobiliario de su domicilio, al cual se ha analizado el pH y está disponible para análisis adicionales.

HIDROLAB

Denominación:

POLVO EN SUPERFICIES DOMÉSTICAS RECOGIDO SOBRE LANA DE CUARZO.

ANÁLISIS FÍSICO-QUÍMICO

PARÁMETROS	MÉTODO	RESULTADO
pH sobre extracto, unidades de pH	IT-AG-006	11,5 ± 0,2

Denominación: POLVO EN SUPERFICIES DOMÉSTICAS RECOGIDO SOBRE LANA DE CUARZO.

CONCLUSIONES:

Las manchas apreciadas en la lana utilizada tras su recogida eran visibles, aunque tenues, de color pardo amarillento.

Considerando este detalle junto con el resultado obtenido de pH en el extracto acuoso de 11,5 concluimos que la sustancia presente en esos polvos procedentes del aire ambiente de su domicilio incluye compuestos de acción alcalina moderada a fuerte, lo que ha de provocar necesariamente efectos perjudiciales en la salud de sus ocupantes: irritaciones de piel, mucosas, etc. . Asimismo provocará fuertes efectos secundarios por la respiración en ese ambiente: dolores de cabeza, etc.

Por tanto se entrega una porción de la muestra de extracto obtenido para su estudio policial, por sospechar el interesado que este polvo se genera en las inmediaciones de la vivienda mediante actividades con compuestos alucinógenos. En nuestro laboratorio queda otra porción del mismo para otros ensayos que se consideren oportunos.

HIDROLAB s.L.
Polígono Campollano-c/C.10
Teléfono 967 22 41 33
Fax 967 22 20 61
02007 Albacete (ESPAÑA)

Fdo. Angel Polo Rodríguez
Director Técnico

ABUSO Policía Nacional
Purificación Navarro Plaza
C/ Nueva nº 35, 2º B, 02002 Albacete

CASO SOBRE SUSTANCIAS TÓXICAS NOCIVAS PARA LA SALUD

29 de mayo de 2023 12 horas llamaron a la puerta de mi domicilio dos Policías Nacional, abrí, se produjo el mayor abuso de poder corrupto que puede haber, llamados por una delincuente que habita en la misma dirección mencionada arriba en el 3º E junto con otros delincuentes, protegidos por las autoridades, comenzaron a gritar diciendo era una loca, que me iban a poner una denuncia, finalmente uno de ellos me dio un puñetazo en el pecho, desplazándome hacia la puerta del salón, evitando cayera al suelo, fui a URGENCIAS del hospital donde observaron contusiones después de hacerme una radiografia. De la impresión que lleve me salieron por todo el cuerpo grandes manchas rojas, una gran diarrea que todavía persiste, padeciendo gran sensibilidad a enfermedades debidas al mal ambiente existente en mi domicilio causado por los vertidos TÓXICOS ininterrumpidamente etc... El abuso de poder de las autoridades en todos los sentidos y aspectos es sumamente destructivo, permitiendo los graves delitos de delincuentes que están por encima de la ley, castigando a las víctimas con cuantiosas multas económicas, tortura, humillaciones, vejaciones, saña y el vertido de TÓXICOS en el domicilio por los conductos de ventilación comunitaria, deteriorando peligrosamente la salud. Sin precedentes, horrible.

Purificación Navarro plaza

España Albacete 18 de octubre de 2023

Testimonio sobre el abuso y la violencia de dos Policías Nacionales

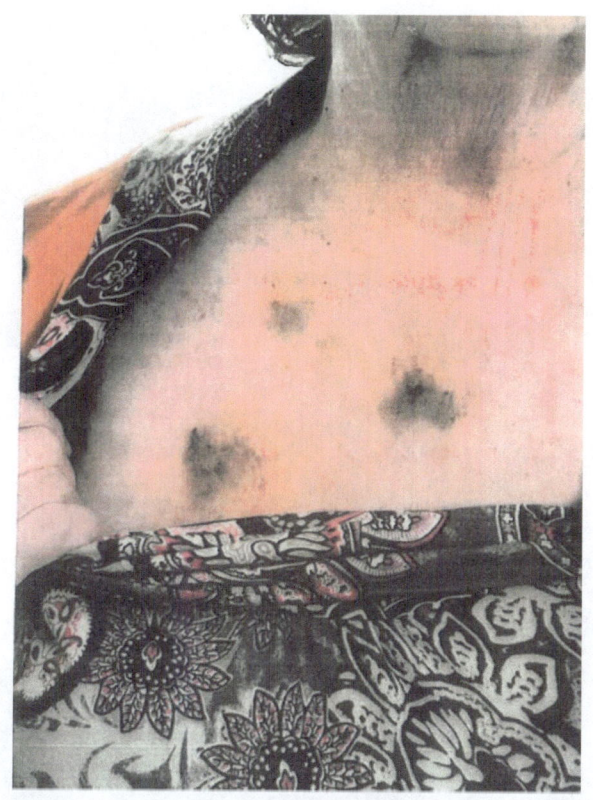

Prueba sobre el abuso y la violencia de dos Policías Nacionales

Sustancias tóxicas en la taza de café

Otros documentos y recursos

DOÑA PURIFICACIÓN NAVARRO PLAZA,
mayor de edad, con domicilio C/ Nueva nº 35, 2º B 02002 Albacete
y provista del DNI 19419110ª
ante el Juzgado de Instrucción nº 1 de Albacete
comparezco y como mejor proceda en Derecho

DIGO

Que ante el delictivo comportamiento de los ocupantes del piso de
C/ Nueva nº 35, 3º E, 02002 Albacete formulo DENUNCIA a ███████
███████████, como a todos los ocupantes del prostíbulo, dueña
del piso ██████████████████████████████ sito arriba de mi
domicilio citado en la página, y ello en base a los siguientes

HECHOS

PRIMERO.- Que a continuación del apagón que hemos tenido, en el
momento volvió la luz, conectaron la máquina que tienen de verter
los TÓXICOS, desconozco cómo es, sí puedo comunicar la terrible
sintomatología que conlleva, produciendo un ruido que hay que salir
de la habitación que con fuertes golpes instalan en el suelo, como
llamamos a la Policía Local, todos los vecinos, sobre todo yo que soy
la más perjudicada al estar mi vivienda debajo de mencionado piso,
como expertos en cometer graves delitos, vigilan la llegada de las
autoridades, desconectando máquina, quedando en silencio absoluto
toda actividad delictiva, están acostumbrados a hacer mal, saben
muy bien como tienen que comportarse en todo momento, sufriendo
nosotros una indefensión total ante el CASO SOBRE
SUSTANCIAS TÓXICAS NOCIVAS PARA LA SALUD,
aumentando los graves delitos en grado sumo, comportamiento de
las autoridades inexplicable para todos los ciudadanos que con
indignación presencian el horror de unos sicarios salvajes que por
dinero cometen las mayores atrocidades del mundo. Esta
inaguantable situación puede tener consecuencias irreversibles.

SEGUNDO.- Que completamente indignada me pregunto qué se
pretende con las denuncias que recibo de los/as delincuentes siendo
yo la víctima, es natural indigne a todas las personas de bien la
prepotencia de la cual, hacen gala, como aumentan las entradas a mi

domicilio, vertiendo veneno en los alimentos que me obligan a ir a URGENCIAS frecuentemente, sinceramente, estoy cansada y delicada, no se debe permitir situación excesivamente crítica y peligrosa, hago todo lo que puedo desde el respeto para terminar con ello, no creo sea difícil de comprender el estado lamentable constante que tengo debido a la sinrazón de seres malvados que se les ha ido el CASO de las manos y no saben cómo quitarme de en medio.

TERCERO.- Según palabras de la dueña del piso, ████████████ ████████████ no sabemos nada más de esos individuos, vienen con frecuencia a dar instrucciones a los salvajes del prostíbulo, la maldad de su proceder es incomprensible e inaceptable, el vertido de veneno en los alimentos es muy grave, requiere urgentemente acabar con esos actos criminales que tanto daño hacen y pueden producir la muerte, delitos insólitos, terribles sin precedentes, los cuales, no pueden continuar, ni yo puedo soportarlo por más tiempo, el veneno en los alimentos, es competencia de las autoridades terminar con ello es fundamental, humano, alimentarse en mi domicilio se ha convertido en una tragedia, la habilidad de los denunciados, no se puede explicar con palabras.

Que demando Justicia, no se puede vivir en esta grave situación, toda la familia está afectada, de una u otra manera, es un horror lo que estamos viviendo, sobre todo yo con los vertidos de veneno en alimentos, no puedo continuar soportándolo, es inaguantable, demando urgentemente sea protegida del perjuicio y peligro que está ocasionando en mi organismo. Ajena a mi determinación de no volver a los juzgados jamás, lamento las circunstancias que me obligan a ello. Ruego eviten los vertidos TÓXICOS que tanto daño y peligro causan en los alimentos, no es posible tolerar ese vil comportamiento, no es humano, es un atentado contra la vida.

Por ello,

SUPLICO AL JUZGADO

Tenga por presentado este escrito con los documentos que se acompañan y solicitando al Juzgado efectúe los actos de instrucción y averiguación que considere oportunos a los efectos legales que procedan.

Fdo. Purificación Navarro Plaza

Albacete 29 de abril de 2025
JDO. DE INSTRUCCIÓN N. 1
ALBACETE
DILIGENCIAS PREVIAS PROC. ABREVIADO 0000968 / 2024
DÑA. PURIFICACIÓN NAVARRO PLAZA, mayor de edad, con domicilio en C/ Nueva nº 35, 2º B, 02002 Albacete y provista de DNI 1941911, en mi propio nombre y Derecho,

DIGO

Que ante la incoación del presente procedimiento y archivo de la DENUNCIA, al no estar de acuerdo presento,

RECURSO DE REFORMA

Y este recurso, está basado en una serie de alegaciones que con todo el respeto paso a detallar, y ello en base a los siguientes

HECHOS

PRIMERO.- Que delincuentes extranjeros conocidos por dueños del piso ████████████████████████, arriba de mi domicilio en la misma dirección indicada en el escrito, ████████, han puesto a prueba la resistencia de toda la comunidad de vecinos C/ Nueva nº 35, 02002 Albacete. Desde su entrada al piso, lo han convertido en un prostíbulo, venta y tráfico de estupefacientes, y con ello han alterado sumamente la escasa paz que teníamos debido a los vertidos TÓXICOS denunciados reiteradamente por quien está escribiendo.

SEGUNDO.- Que es muy difícil afrontar el comportamiento de los nuevos ocupantes del piso en cuestión, cuando se trata de una comunidad de vecinos respetuosos, educados y atentos, preocupados por el ambiente creado deshonesto e ilícito por los mencionados arriba, desconozco sus nombres, se trata de un grupo de extranjeros de varios países que su comportamiento no puede ser más desconcertante, escandaloso e inhumano, el bochornoso comportamiento de sus ocupantes molesta, ofende e indigna y preocupa la inseguridad existente sobre todo por los niños, están

129

asustados y tienen miedo, con gran alboroto sin descanso, las 24 horas reciben visitantes en mal estado.

TERCERO.- Que, buscando el prostíbulo golpean equivocándose otras puertas con lo cual, la inseguridad, riesgo y alteración, inquieta a todos. Manifiesto el horror que me causa el sufrimiento de mis vecinos, los denunciados desde que llegue a mi domicilio en Albacete, han causado graves incidencias todos los ocupantes del piso 3º E, he tenido siempre el respeto y apoyo de la comunidad, lamentando muy mucho el sufrimiento causado por todos los que han pasado por el siniestro piso, causando la desgracia de toda la familia, en particular la mía y la de mi hijo Antonio Jesús que vive conmigo.

CUARTO.- Que sumamente delicada a consecuencia de los vertidos TÓXICOS, abrumada dadas las circunstancias acaecidas desfavorables de los Juzgados en el prolongado litigio, la indefensión que sufro desde la primera DENUNCIA, notificaciones del abogado contratado para mi defensa, comunicándome que no podía atenderme, que, jamás tendría Justicia a mi favor ni me atendería ningún abogado en Albacete, que no perdiera el tiempo.

QUINTO.- Que soy una persona muy seria la cual, ha recibido mucho daño durante largo tiempo de sicarios y autoridades, circunstancias familiares me ha impedido reaccionar como requiere el CASO SOBRE SUSTANCIAS TÓXICAS NOCIVAS PARA LA SALUD, sin poder soportarlo por más tiempo, me están obligando, dado el caos impredecible que se ha formado derivado del caso, a tomar decisiones que pueden ser lamentables, de hecho, ya no estoy EMPADRONADA en Albacete, he puesto el piso en venta, y desde otro lugar demandare Justicia, no puedo continuar con la grave atrocidad con la cual, se me está tratando en Albacete judicialmente, es una continuada ofensa, maltratada por sicarios, y desprestigiada por autoridades.

SEXTO.- Que han conseguido el sufrimiento y la pena que me invade en estos momentos, hasta aquí, me he sacrificado por mis hijos, he decidido no tener en cuenta nada, y recuperar mi dignidad ante tanta humillación, mentiras, sin respeto y un trato vejatorio, jamás mi comportamiento ha hecho nada que pudiera merecerlo, he sido bien educada, responsable y de muy buena familia, comprensiva y amable con todo el mundo, puede que sea la envidia la que haya propiciado este caso insólito y sin precedentes, no descansare hasta demostrar que las etiquetas que me han puesto las autoridades carecen de fundamento las cuales, han logrado con ello la destrucción de la familia, bienes, y el dolor profundo que me embarga para el resto de mi vida. Es evidente el mal ocasionado el cual, pretendo reparar desde la primera DENUNCIA.

Por ello,

SUPLICO AL JUZGADO

Tenga por presentado este escrito con los documentos que se acompañan y solicitando al Juzgado efectúe los actos de instrucción y averiguación que considere oportunos a los efectos legales que procedan.

Fdo. Purificación Navarro Plaza

Purificación Navarro Plaza
Avd. Asociación Víctimas del Terrorismo
Urb.Arco Mediterráneo, IX, Apt. 210,
BL. 17, 0383 Torrevieja – Alicante – España

DNI 19419110A

JDO.DE INSTRUCCIÓN N. 1 ALBACETE

A//A: DPA. DILIGENCIAS PREVIAS . PROC. ABREVIADO
0000968 / 2024

Sorprendida por la notificación del día 13 / 02 / 2025, recibida en mi domicilio, aclarando la situación paso rápidamente a darle respuesta. ¡Como dicen adolece el RECURSO en falta de letrado! ¿No recuerdan en los Juzgados de Instrucción como en el ámbito de la Ciudad de la Justicia haber prohibido al letrado contratado para mi defensa? Según el letrado personalmente me comunicó haber sido amenazado con no considerar bien su trabajo en el caso siguiera defendiéndome, que me olvidara de ser representada por ningún letrado en Albacete puesto que, ninguno llevaría mi defensa. ¿Son Uds. conscientes de ello, de lo que supone para mi integridad, dignidad, honor y justicia? Es una humillación más de las muchas recibidas en tan largo, deshonesto e injusto litigio.

No me cabe la menor duda son Uds. conscientes del dolor y destrucción consentido en el CASO SOBRE SUSTANCIAS TÓXICAS NOCIVAS PARA LA SALUD. Como también conocen además de todas las incidencias la gravedad de los TÓXICOS en mi salud, infinidad de graves enfermedades poniendo en serio peligro mi vida, un abuso de poder sin precedentes con unas consecuencias terribles e infinito sufrimiento con lo cual, opte vender la vivienda y marcharme de Albacete, donde la justicia brilla por su ausencia, no obstante, la mafia, la gran trama orquestada por todos, delincuentes etc... Impidió se llevara a cabo la venta que tenía concertada con los compradores.

Que no se oponen a que me maten está claro, con el injusto proceder judicial existente ininterrumpidamente en el grave CASO mencionado en la página. Delincuentes hay por todas partes, lo conocen mejor que yo, parece ser es más fácil tenerme aquí en Albacete para matarme a través de los vertidos de venenos, sin tener para nada en cuenta la gravedad, la indignación de los vecinos de la comunidad, puesto están presenciando con horror y espanto lo que están haciendo con mi familia sobre todo conmigo. Prueba evidente se advierte nada más abrir la puerta de mi domicilio, el vertido es muy abundante, llegando incluso a la calle.

Últimamente parece ser los actuales ocupantes del piso en cuestión dueños de un prostíbulo venta y tráfico de drogas, como los dueños del piso, ██████████████████████████████████, se les ha ido de las manos, quisieron conciliación a la cual me negué, desde ese momento salvajemente quieren quitarme de en medio a través de vertidos TÓXICOS. Ni que decir tiene que no puedo soportarlo, dolores, calambres en las piernas terribles, en el T° de toxicología me han dicho salga de mi vivienda, eso es algo que no haré jamás, si es necesario seré YO, quien ponga Fin a tanto dolor amargura, corrupción, inseguridad, maltrato criminal a una mujer mayor sin motivo ni razón de ser.

En estas circunstancias sumamente graves y peligrosas en las cuales me hallo, es difícil vivir con dolores en todo el cuerpo, los terroríficos calambres en las piernas he dicho BASTA. Los problemas que puedan surgir del martirio que me ocasionan son competencia de autoridades, jueces, etc. No míos ni de mis hijos. Uds. son los responsables de ellos, teniendo en cuenta el Sistema Judicial, Democracia y Estado de Derecho al cual, pertenece España, como todos los países pertenecientes a la Comunidad Europea. Como comprenderán no voy a consentir ni tolerar el gran sufrimiento al cual delincuentes extranjeros de lo peor del mundo me obligan a soportar en mi propio domicilio, puede ocasionar situaciones irreversibles, graves conflictivos, no deseados para nadie.

Purificación Navarro Plaza

España – Albacete 14 de febrero de 2025

JDO. DE INSTRUCCIÓN N. 1
ALBACETE
LEV JUICIO SOBRE DELITOS LEVES 0000123 / 2025

DÑA. PURIFICACIÓN NAVARRO PLAZA, mayor de edad, con domicilio en C/ Nueva nº 35, 2º B, 02002 Albacete y provista de DNI 19419110A, en mi propio nombre y Derecho,

DIGO

Que he sido DENUNCIADA por amenazas a ████████████ ████ de actividad entre otras, prostitutas, sin permiso de residencia, ocupantes del prostíbulo sito arriba de mi domicilio, en la dirección citada en la página, en el cual, se vende y trafica con drogas entre otras muchas cosas más, como son los vertidos de sustancias TÓXICAS, culpables de las graves enfermedades que me han provocado. Y ante la DENUNCIA con todo respeto paso a detallar los siguientes

HECHOS

PRIMERO.- Que el día 3 de febrero de 2025 no me encontraba sola, me acompañaban dos vecinas del mismo rellano y, ninguna de las tres amenazamos para nada, expusimos a la Policía Nacional los innumerables delitos que están cometiendo las DENUNCIANTES. Presentándose como testigos en la causa, ya que estaban presentes y defendiendo los hechos delictivos por los cuales, se han puesto varias DENUNCIAS a las cuales, la Policía Nacional no ha prestado el mismo interés que a las DENUNCIANTES, tratándonos indiscriminadamente e injustamente, siendo las víctimas, sobre todo YO, que vivo debajo de los peligrosos y temibles delincuentes, con el riesgo que conlleva sus actos delictivos, causando miedo, la desvergüenza, y escándalo en los niños, el comportamiento de tales individuos/as

SEGUNDO.- Que ante la gravedad de mi estado de salud, podría declinar mi comparecencia en el juicio en otra persona, a lo cual me niego totalmente, haciendo responsables a las autoridades competentes en el caso suceda cualquier consecuencia grave que pueda ocasionarme por las siguientes razones, al ser tratada abusivamente, al no ser contemplado los delitos reiteradamente denunciados por las causas que han provocado el crítico estado de mi salud, científicamente comprobado por dos Laboratorios. Incluyendo denuncias por todos los propietarios de la comunidad de vecinos de C/ Nueva nº 35, 02002 Albacete.

Por ello,

SUPLICO AL JUZGADO

Tenga por presentado este escrito con los documentos que se acompañan y solicitando al Juzgado efectúe los actos de instrucción y averiguación que considere oportunos a los efectos legales que procedan.

DIRECCIÓN:

DIRECCIÓN

Fdo. Purificación Navarro Plaza

Albacete 25 de marzo de 2025

Purificación Navarro Plaza
C/ Nueva nº 35, 2º B, 02002 Albacete

DNI 19419110A

A//A: EXCMA. SRA. PRESIDENTA DEL TRIBUNAL SUPERIOR DE CASTILLA – LA MANCHA.

Con todo mi respeto me dirijo a Ud. convencida que por mi parte he cumplimentado todas las gestiones que por Derecho están disponibles con respecto a la ley. En cuanto al resultado obtenido, es obvio comprobar, no está el Sistema judicial en su mejor momento. De hecho el largo y terrible litigio del CASO SOBRE SUSTANCIAS TÓXICAS NOCIVAS PARA LA SALUD.

El consentimiento por parte de las autoridades competentes de los caóticos hechos, son evidente de ello. Como es posible que, en un Estado de Derecho se den estas situaciones que impacta y horroriza a quien los padece y a todos los ciudadanos, se asemeja bastante al veneno que se utilizó en la segunda guerra mundial para el exterminio de seres humanos a través de sustancias químicas, prohibida su utilización desde entonces, no hay palabras para describir los terribles efectos que causan, desgraciadamente los conozco todos, siendo la causa de las enfermedades que me han originado.

Incapaz de continuar soportándolo demando justicia, acabar con los vertidos TÓXICOS, poniendo fin al caso, reiteradamente denunciado, estando en la última fase, no se puede soportar más, mi salud como se puede comprobar a través de informes médicos está en serio peligro, con lo cual, se tomaran decisiones que evite un desenlace irreversible, es conveniente actué la ley con todo el derecho que nos asiste, el trato recibo desde la primera denuncia, es anti natural e inhumano. Se les ha ido de las manos, me he negado a la conciliación con peligrosos delincuentes, que ven matándome la solución, ante un comportamiento al margen de la ley de las autoridades, el trato mantenido conmigo de todos ellos es grosero, humillante, despreciable, ofensivo, cuando los terribles delitos de todos los denunciados, pueden causar la muerte.

Es muy serio, sucesos continuados que nos han destrozado la vida a toda la familia, con odio, patrañas, sadismo y maldad causando un dolor irreparable, una trama bien urdida con muchos medios para llevarla a cabo, mentiras, calumnia, que ponen en evidencia la maldad de individuos cobardes que son el desecho y lo peor de la sociedad mundial, que, con dinero tienen la mayoría de las puertas abiertas, mentes criminales que han comenzado una tragedia que no saben cómo pararla, las consecuencias pueden ser impredecibles a tanta devastación amargura y dolor.

Ante tanto abuso de poder, unido a los desmesurados actos criminales que estamos soportando en todos los sentidos y en todo los aspectos, la indefensión que padecemos no tiene precedentes en el Sistema Judicial de ningún país Democrático, teniendo que aguantar la prepotencia, arrogancia e insultos de los denunciados, sobre todo de las prostitutas, resto de individuos del prostíbulo y dueños del piso, es inaudito, intolerable e indignante, que una prostituta te ponga una denuncia, le den tramite, sabiendo que puede causar la muerte sus vertidos TÓXICOS, jamás me he sentido tan humillada, ignoraba el deterioro de los juzgados de Albacete ante actuaciones tan funestas, me siento incapaz para seguir soportando el trato vejatorio con el cual me tratan autoridades competentes en el caso.

Debido al tiempo que llevo respirando el ambiente nocivo, cada vez más intenso, el deterioro de mi salud, según el Cardiólogo en la última revisión, es sumamente grave, es natural demande judicialmente se termine, puedo demostrar con documentos oficiales mis palabras, conocido el caso por los ciudadanos. También estoy escribiendo un libro – biográfico, exponiendo el caso fielmente, si con ello evito se repita, será hacer un bien a mis conciudadanos. Como todo lo que hago en mi defensa en todo momento y lugar, es obstaculizado por el enjambre de sicarios salvajes bien remunerados, que su única misión es acabar con toda la familia, en primer lugar conmigo, comprenderá mi necesidad de comunicárselo a título de información. Por desgracia he tenido que aprender las funciones de los distintos funcionarios en los juzgados.

Ruego disculpe mi atrevimiento, con el único cometido y obligación moral, tenga conocimiento de los hechos que mando a continuación. Soy una persona seria, he comenzado tarde a defenderme por educación y respeto, no obstante, después de pasar mucho sufrimiento, continuare hasta el final.

Atentamente

Purificación Navarro Plaza

Albacete 11 de mayo de 2025

Purificación Navarro Plaza

DNI19419110A

A//A Dª.NAZARET RODRIGO PONCE

Distinguida Directora General de Asuntos Europeos, complacida asistí ayer día 10 de marzo 2025 a la conferencia de Alues en la Diputación de Albacete, no tenía el gusto de conocerla puesto no soy de aquí aunque vivo ya varios años. Admiré la sencillez y claridad de su disertación, personas como Ud. son necesarias en C, la M. y en todo el mundo, soy una entusiasta de los temas expuestos y la comunidad por pertenecer a ella mis mayores.

Por razones muy serios y graves me traslade de Madrid a Albacete, por motivos ajenos a mi voluntad, se ha producido un suceso, caso litigio, que, según ciudadanos es vergonzoso no solo para España, sino más bien, para el mundo entero, con lo cual, es deleznable el comportamiento de autoridades, es evidente el maltrato al cual por ser mujer estamos expuestas, mi caso es un claro exponente de lo mucho que queda por lograr y se nos considere personas con los mismos derechos y trato al hombre, el abuso que se está llevando a cabo en mi caso por ser mujer es inaudito, sin precedentes.

Sí es cierto que tenemos todavía muchos condicionantes que, una vez superados somos capaces de responder como cualquier hombre, ¿Por qué no? En ello radica la igualdad, he tenido mucha paciencia, una vez agotada, me enfrento a todos hasta terminar con el asunto.

Soy consciente no es posible entender mi escrito sin tener conocimiento de los documentos que le mando a continuación, lamentablemente he tenido que dejar al lado la educación y valores recibido de mis queridos padres, y enfrentarme valientemente, desde el respeto, por supuesto que no merecen , poniéndolos en el lugar que les corresponde por la violencia de unos y prevaricación de otros, dejándome sin espacio en el cual pudiera defenderme, simplemente abusando de la desigualdad que sufrimos al ser mujer, subvalorando la respuesta que puede tener lugar negativa al buen comportamiento tanto en Albacete como España internacionalmente.

Lamento expresarme en estos términos, la situación provocada es extrema y delicada, me defiendo como puedo y me dejan, no consiento más humillaciones, soy defensora de las injusticias, sean de cualquier origen, escribo en varios periódicos, manifestando mi indignación como ciudadana del mundo, ante las atrocidades que se cometen en todos los seres vivos del PLANETA.

Atentamente

Purificación Navarro Plaza

España 11 de febrero de 2025

Purificación Navarro Plaza

DNI 19419110A

Móvil ████████████

//A Dª. NAZARETH RODRIGO PONCE

CASO SOBRE SUSTANCIAS TÓXICAS NOCIVAS PARA LA SALUD

Si vuelvo a comunicarme con Ud. es por la sencilla razón demandar ayuda ante la terrible tortura que estoy sufriendo, los vertidos TÓXICOS me hacen mucho daño, y, como quien tiene la obligación de terminan con ello urgentemente, por su peligro y gravedad, inexplicablemente, no lo hace, destruyendo los cimientos más firmes de la Constitución, Estado de Derecho, Sistema Judicial etc.

Puedo asegurar y prometo, tomado conocimiento de la maldad, arrogancia, prepotencia, abuso de poder de todos los que han intervenido de una manera u otra y en todos los sentidos, sentir por, sicarios y autoridades una muy grande repulsa en toda la extensión de la palabra, comprensible en las personas humanas normales, ante unos hechos delictivos evidentes comprobados por dos laboratorios, en ningún concepto se puede permitir ni tolerar, sobre todo cuando la vida de las personas está en peligro.

Tengo muchos condicionantes claro, puesto que, cobarde no soy, cierto es no poder superar la gran cantidad vertido TÓXICO de los extranjeros del prostíbulo que ocupan actualmente el piso. Denunciado, comunicado en organismos oficiales con potestad para evitar una muerte segura, es evidente me obligan a ponerle fin.

Acabo de hacer una llamada telefónica, la persona que ha cogido el teléfono dice no haber recibido nada, he comprobado haber mandado correctamente el día 11/03/2025, no obstante lo he mandado otra vez, para mí es muy importante conozcan la tragedia que nos obligan a vivir, es comprensible se ponga FIN a los mortales vertidos de venenos, y no sea yo quien lo tenga que hacer con las consabidas consecuencias, al estar violados todos mis derechos como persona y ciudadana. Ya no es ningún secreto para nadie, además, se está editando un libro del CASO internacionalmente.

Por ello,

SUPLICO A Dª NAZARET RODRIGO PONCE D.G. DE ASUNTOS EUROPEOS

Tenga por presentado este escrito con los documentos que se acompañan y solicitando los actos de averiguación que considere oportunos a los efectos legales que procedan ante el peligro inminente que conlleva.

Atentamente

Purificación Navarro Plaza

España – Albacete 17 de febrero de 2025

Purificación Navarro Plaza

DNI 19419110ª

Móvil █████████

A//A Dª. NAZARETH RODRIGO PONCE

Lamento ponerme de nuevo en contacto con Ud., el motivo lo requiere, la indignación que siento después de una noche sin poder conciliar el sueño, sufriendo dolores en todo el cuerpo a consecuencias de los vertidos TÓXICOS que unos sicarios criminales salvajes bolivianos cobran por llevarlo a cabo.

Ante el abandono de autoridades competentes en el grave CASO, es normal tomarse la justicia personalmente, que, en realidad es lo que pretenden delincuentes y autoridades con su provocación insistentemente, anoche vino al prostíbulo la dueña del piso, alto y claro decía a los contratados que siguieran vertiendo haber si terminaban ya conmigo. La prevaricación judicial da lugar al extremo que ha llegado la terrible y crítica situación, mi muerte sería motivo para iniciar un ajuste de cuentas muy a tener en cuenta todos los implicados, circunstancia lamentable y grave que hoy, sobre todo individuos extranjeros por dinero están dispuestos a cumplir.

Insisto, es urgente acabar con los actos/hechos delictivos que cometen en el piso C/ Nueva nº 35, 3º E, 02002 Albacete, no se puede consentir ni tolerar semejante atentado contra la vida, lo impide la Constitución, Estado de Derecho y Derechos Humanos, ni ocultar y apoyar a los delincuentes, obviando sus delitos criminales, vengan de donde vengan, es fundamental respetar la ley según conforme al código penal del Sistema judicial.

Cuando hablé por teléfono con Uds. me comunicaron no hiciera nada, ya se encargarían de resolverlo cuanto antes, me parce muy bien, es lo que procede, los vertidos de veneno son muy abundantes, me afectan mucho, es una provocación constante, hay gran alarma en los vecinos de la comunidad, de hecho, los que tienen niños procuran estar lo menos posible en sus viviendas, se han puesto varias denuncias, el malestar e inseguridad va en aumento, en el prostíbulo hay individuos/as de lo peor y peligroso con la venta y tráfico de drogas. No creo se pueda soportar por más tiempo, ruego inmediata intervención, la situación sobre todo mi salud, no aguanta más, puede pasar de todo en cualquier momento.

Atentamente

Purificación Navarro Plaza

Albacete 23 de marzo de 2025

DNA. PURIFICACIÓN NAVARRO PLAZA. CIUDADANA DEL MUNDO

1. EL CÁRACTER CAMALEÓNICO DE LA «INDEFENSIÓN»

El apartado 1 del artículo 24 de la Constitución es el más aplicado en nuestro sistema jurídico. Ello no significa que sea el más importante, en modo alguno. Pero sí que su significado afecta decisivamente a nuestro Derecho, en especial en su rama judicial. Todos los esfuerzos dedicados a precisar y mejorar su significado son pocos. En esa tarea imprescindible partimos de una situación de desventaja. La cultura jurídica española acostumbra a trabajar con textos legales y con textos doctrinales; no con textos jurisprudenciales. El texto de la Constitución es escueto: «Todas las personas tienen derecho a obtener la tutela efectiva de los jueces y tribunales en el ejercicio de sus derechos e intereses legítimos sin que, en ningún caso, pueda producirse indefensión».

EN EL CASO SOBRE SUSTANCIAS TÓXICAS NOCIVAS PARA LA SALUD.

La total terrible INDEFENSIÓN provocada por autoridades Policía Nacional y jueces/as, ha destrozado, hecho añicos, roto completamente parte de la Constitución del sistema jurídico español, y con ello, han causado la desgracia, desolación, sufrimiento y dolor de toda una familia, sus escasos bienes han sido robado, roto, saqueado de todo lo que les ha apetecido, entrando en mi domicilio, vertiendo veneno in situ y en los alimentos. Actos/hechos delictivos denunciados, los cuales han ocultado, favoreciendo a peligrosos e irracionales delincuentes que, llevados por el dinero, cometen las mayores atrocidades imaginables, carentes de humanidad, atentan contra la vida hasta el final. Manifiesto la INDEFENSIÓN padecida desde la primera denuncia, como bien explico en el CASO SOBRE SUSTANCIAS TÓXICAS NOCIVAS PARA LA SALUD.

Es urgente intervenir respetando según la ley, con respecto a justicia, es insoportable vivir con la violencia, odio, maldad de individuos que su comportamiento es el peor y más bajo y perverso del mundo, contemplar que las autoridades conocen los graves hechos delictivos, consentirlos y aprobarlos, no es propio de funcionarios de la ley y el orden en un Estado de Derecho Democrático. Nosotros no podemos consentirlo por más tiempo; demandamos el fin del litigio cumpliendo con la ley, asumiendo el caso en todos los aspectos y en todos los sentidos.

Fdo. Purificación Navarro Plaza

España - Albacete 14 de enero de 2026

JDO. DE INSTRUCCION N° 3 ALBACETE

LEV. JUICIO SOBRE DELITOS LEVES 0000255 / 2025

DONA PURIFICACIÓN NAVARRO PLAZÁ mayor de edad, con domicilio provisional C/ Nueva n° 35, 2° B 02002 Albacete y provista del ███████████ ante el Juzgado comparezco y como mejor proceda en Derecho

DIGO

Que la denuncia para quien Dios mediante está mencionada en la página, y en calidad de denunciante, quien acredita ████ ███████████████████, dice ser ███████ ███████████ país de nacionalidad ████ Es una DENUNCIA FALSA, y ello en base a los siguientes

HECHOS

PRIMERO.- Que conocido es el terrible, peligroso, inhumano, insólito sin precedentes en un Estado de Derecho, el largo litigio que se mantiene en los juzgados de Albacete años a, ocasionado por ocupantes del piso de la █████████████████████ Albacete, situado arriba de mi domicilio mencionado en la página, ocupantes cambiantes que han ido ocasionando hechos delictivos muy graves, los cuales, han sido denunciados y seguidamente sobreseído, archivado, recurrido etc. Ante la perplejidad de familia, vecinos comunitarios y ciudadanos de Albacete, resto de España y fuera de ella, dada la inusual trama llevada a cabo, más como se ha juzgado por parte de las autoridades competentes en ello.

SEGUNDO.- Que las manifestaciones del denunciante no dejan de sorprender a todos, los últimos en ocupar el piso de los horrores como es conocido en la ciudad son extranjeros la mayoría, los cuales, han puesto un prostíbulo, trafican y se vende drogas, fundamental los vertidos de TÓXICOS, más abundantes que en todo el proceso del litigio, alborotando, causando molestias a todos los vecinos de la comunidad, indignados de tanto escandalo e inmoralidad, un bochornoso espectáculo lamentable que rompe todos los esquemas de la educaci6n que reciben los niños de la comunidad, temerosos de lo que contemplan a diario.

TERCERO.- Que ante continuas molestias e inseguridades por el trasiego a todas horas de personas desconocidas que hacen uso del ▉. Se hablo con la dueña del piso en cuestión, una tal ▉▉▉ ▉▉▉▉▉▉▉▉▉▉▉▉▉ su respuesta no pudo ser más escueta, siempre que me paguen bien, no tengo porque echarlos, no obstante vino a verlos, manteniendo muy alterada una gran discusión con ellos diciéndoles alto y claro que no armaran tanto escándalo, que estaban aquí para su «negocio» y sobre todo verter veneno a la mujer de abajo ▉▉ hacer lo que os digo. Como siguen haciendo ruido, ha venido varias veces diciéndoles lo mismo. Ignoro si se dan cuenta de cómo me quedo cuando lo escucho, muy mal, no aguanto más venenos, humillaciones, robos, destrozos, con la arrogancia y prepotencia que tienen en cada momento, con la seguridad de no ser condenados.

TERCERO.- Que la provocación es constante, no he roto su puerta, que les he dicho palabras obscenas, pero, de qué van, qué hace la Policía Nacional, conocen el caso, es muy grave, es la víctima quien necesita atención, no la he obtenido jamás, ha sido todo lo contrario. No sé si me han filmado o no, ni me importa, él llamó a mi puerta y se fue corriendo, fui detrás de él a por mis gafas que me robaron, las llevaba puestas le dije me las devolviera, dijo que no y cerró la puerta, pude observar muchos individuos/as en el salón, estaba oscuro y ocultaban algo. Lo denuncié y fue cerrado el caso.

CUARTO.- Que es completamente imposible aguantar los actos delictivos constantemente, estaba realizando fuera de Albacete una revisión general de mi estado de salud que se encuentra bastante precario, la cual, ha sido interrumpida. No soy culpable de nada; soy la víctima, junto con mi familia y mis escasos bienes. Mis dos hijos más jóvenes, dadas las circunstancias, están mal, presenciando cómo están maltratando a su madre, que por ellos está aguantando y soportando lo imposible. Debido a la situación, tengo que continuar ocupándome de los dos, ayudándoles en todo lo que es necesario en todo momento y en toda ocasión. Es urgente terminar, poner fin a todos los actos delictivos que tanto daño nos ocasionan. Registrar su vivienda ▉▉, comprobando los elementos propios de sus negocios ilegales, como cámaras en las cuales, observan donde nos encontramos y todos nuestros movimientos, para exactamente verter los TÓXICOS en la estancia que nos hallamos, están muy bien preparados, estamos a merced de las ordenes que reciben y de los beneficios que obtienen todos. En cuanto a mi domicilio, se puede ver, analizar, comprobar, la devastación que sufre, y el veneno que contiene por toda la vivienda de tantas sustancias TÓXICAS vertidas ininterrumpidamente, con lo cual, es urgente su detención antes que lamentar circunstancias irreparables.

Por ello,

SUPLICO AL JUZGADO

Tenga por presentado este escrito con los documentos que se acompañan y solicitando al Juzgado efectúe los actos de instrucción y averiguación que considere oportunos a los efectos legales que procedan.

Fdo. Purificación Navarro Plaza

España - Albacete 13 de noviembre de 2025